抗战名人在上海的纪念地

上海抗战与世界反法西斯战争系列丛书 上海抗战与反法西斯战争研究丛书

上海市文史资料研究会 编

朱敏彦 编著

上海人民出版社 上海书店出版社

图书在版编目（CIP）数据

抗战名人在上海的纪念地 / 上海市文史资料研究会
编；朱敏彦编著 . — 上海：上海书店出版社，2018.4
ISBN 978-7-5458-1625-9

Ⅰ.①抗… Ⅱ.①上… ②朱… Ⅲ.①抗日战争—名
人—纪念地—介绍—上海 Ⅳ.① K878.2

中国版本图书馆 CIP 数据核字（2018）第 045366 号

责任编辑　沈佳茹
技术编辑　吴　放
装帧设计　郦书径

抗战名人在上海的纪念地
上海市文史资料研究会　编
朱敏彦　编著

出　　版　上海书店出版社
　　　　　（ 200001　上海福建中路 193 号 ）
发　　行　上海人民出版社发行中心
印　　刷　上海豪杰印刷有限公司
开　　本　787×1092　1/12
印　　张　14
版　　次　2018 年 4 月第 1 版
印　　次　2018 年 4 月第 1 次印刷
书　　号　ISBN 978-7-5458-1625-9 / K.309
定　　价　158.00 元

总　序

徐　麟

　　伟大的中国抗日战争，是近代中国人民反对帝国主义侵略并且取得第一次完全胜利的民族解放战争，是开展时间最早、持续时间最长的世界反法西斯战争东方主战场。在这场历经十四年之久的抗日战争中，中国各族各界人民同仇敌忾、共赴国难，经过艰苦卓绝的浴血奋战，以巨大的民族牺牲，打败了穷凶极恶的日本法西斯侵略者，取得了辉煌的胜利。正如习近平总书记所指出的，中国抗日战争"为挽救民族危亡、实现民族独立和人民解放，为争取世界和平的伟大事业，作出了彪炳史册的贡献"。中国抗日战争是在中国共产党倡导的以国共合作为基础的抗日民族统一战线旗帜下进行和取得胜利的。以爱国主义为核心的伟大民族精神是中国抗日战争胜利的决定因素，中国共产党的中流砥柱作用是中国抗日战争胜利的根本保证，全民族抗战是中国抗日战争胜利的重要法宝。

　　上海抗战是中国抗日战争的重要组成部分。在中国抗日战争与世界反法西斯战争中，作为中国共产党的诞生地，上海这座具有反帝反封建光荣革命传统的英雄城市，发挥了独特的重要作用，作出了重大的历史性贡献。

20世纪三四十年代，上海这座国际性的大都市，已经成为中国与世界各国通商贸易的主要港口，成为中国经济、文化中心和政治、外交副中心。同时，上海又是当时中国最大的军港和守卫长江的大门，具有重要的军事战略地位，因而始终成为日本法西斯军国主义觊觎的一个战略要地。1931年九一八事变后，日本法西斯军国主义进而在上海挑起了一·二八事变，发动了对淞沪地区的武装侵略，驻守上海的十九路军和前来增援的第五军与上海人民奋起抵抗，给予日本侵略者以沉重一击，成为中国局部抗战历史进程中承前启后的关键性一役。九一八和一·二八时期的抗日武装斗争和民众抗日救亡运动，在世界上率先举起了反法西斯的旗帜，揭开了中国抗日战争和世界反法西斯战争的序幕。1937年七七事变后仅一个月余，日本法西斯军国主义又把侵略魔爪伸向上海，遭到中国爱国军民的顽强抵抗，形成了以上海为中心的一场气壮山河、震惊中外的八一三淞沪抗战。七七卢沟桥事变和八一三淞沪会战，标志着日本法西斯军国主义全面侵华战争的开始。在中国共产党的积极倡导和推动下，抗日民族统一战线正式形成，揭开了中国全民族全面抗战的序幕，也标志着世界反法西斯的第二次世界大战在亚洲的东方战场正式形成。在八一三淞沪抗战历时一百多天的日日夜夜，中国军队和上海人民以其鲜血和生命，筑成了一座民族自卫的血肉长城，谱写了一曲民族团结、共御外敌的壮丽史诗。上海沦陷后，上海民众在全国人民和全世界爱好和平的各国人民的声援、支持下，面对极其艰辛险恶的环境，仍然以大无畏的英雄气概，坚定不移地继续投身于全民族抗战的洪流，对日伪的法西斯统治进行不屈不挠的斗争。中国共产党始终高举抗日民族统一战线的伟大旗帜，发动民众，团结上海各界人士，从人力、物力、财力等方面支持抗日民主根据地和抗战大后方的斗争，冒着腥风血雨，迎接抗日战争的最后胜利。

两次淞沪抗战及上海民众在十四年中不间断的抗日救亡运动，构成了一幅幅上海抗战英勇悲壮的画卷，也铸就了上海在中国抗日战争和世界反法西斯战争中的重要历史地位：上海不仅是中国对日作战的一个坚强的军事战略重镇，也是中国抗日救亡运动的前期中心和中国抗战文化的发源地；不仅是支援抗战大后方和抗日民主根据地的重要基地，也是世界反战反法西斯人士和中外难民的庇护所，是世界反法西斯舆论战、情报战的东方主要阵地，又是中国联系国际反法西斯阵营的纽带和桥梁。更为重要的是，上海抗日战争凸显了其重要的历史意义：它在外敌入侵、民族危亡的关键时刻，全面地、全方位地弘扬了以爱国主义为核心的民族精神，折射了中华民族有同侵略者血战到底的气概、有在自力更生的基础上光复旧物的决心，有自立于世界民族之林的能力，上海抗日战争在中国抗日、战争和世界反法西斯战争历史上树立了一座永不磨灭的丰碑。

　　今年是中国抗日战争暨世界反法西斯战争胜利七十周年。在中共上海市委的领导和支持下，上海学术界和理论界，经过多年的努力，联合推出了"上海抗战与世界反法西斯战争系列丛书"。这套系列丛书分为三个子系列，是上海抗日战争史丛书，内中包括上海抗战史通论、一·二八淞沪抗战、八一三淞沪抗战、日军在上海的罪行与统治、上海人民抗日救亡运动、上海郊县抗日武装斗争、上海人民支援新四军与抗日根据地、抗战时期的上海经济、抗战时期的上海文化、上海抗战与国际援助等；二是淞沪抗战史料丛书，选辑和汇集民国时期有关上海抗战的具有代表性的通讯、纪实、回忆录及报告文学等鲜为人知的孤本、藏本影印重版；三是上海抗战与世界反法西斯战争研究丛书，其中包括资料性著作：如记忆中的淞沪抗战、淞沪抗战中文报刊资料选编、淞沪抗战档案史料选编、上海抗战历史文献选编等；专题性著作：如中国共产党与上海抗战、当代学者论淞沪抗战、国外学者论淞沪抗战、一·二八淞沪抗战画史、八一三淞沪抗战画史等；工具性著作：如上海抗战与世界反法西斯战争大事年表、上海抗战与世界反法西斯战争事件人物录等；通论性著作：在上述论著的基础上完成一部通论性著作，即上海抗战与世界反法西斯战争全史。这三个子系列丛书各有千秋、各具特色，在集结出版后，更能起到互相参照、取长补短的作用。可以说，这套系列丛书是上海学术界和理论界研究上海抗日战争和世界反法西斯战争的一项重大的学术成果，是对上海抗日战争史研究的一个重要总结和一次集中展示，也是向中国抗日战争暨世界反法西斯战争胜利七十周年献上的一份厚礼！

"疑今者，察之古；不知来者，视之往"。历史是最好的教科书。"上海抗战与世界反法西斯战争系列丛书"的出版发行，更是为了向社会提供一部能够弘扬时代正能量、培育与践行社会主义核心价值观的好教材。让我们站在新的历史起点上，进一步铭记历史、缅怀先烈、珍视和平、警示未来，为实现中华民族伟大复兴而奋斗，为促进世界的和平和发展作出我们应有的贡献。

编者的话

　　从1931年"九一八"事变起至1945年9月抗日战争最后胜利，上海在十四年的中国人民抗日战争历史上占有十分重要的地位和作用。政治上，上海是全国抗日救亡运动的前期中心；军事上，上海是抗日战争的战略要地；文化上，上海是抗战文化的发源地；经济上，上海是支援全国长期抗战的特殊的后勤基地；对外关系上，上海是联结世界反法西斯阵营的主要纽带。在中国人民抗日战争暨世界反法西斯战争的各个历史阶段，一大批各党派各界别政要、国共两党抗战将领、声名卓著文化人士和蜚声中外国际友人都曾在上海留下浓墨重彩的一笔。

　　以名人故（旧）居为主体的纪念地承载着名人的历史和声誉，具有独特的历史文化底蕴和特有魅力，是一个城市引以为傲的文化资源。抗战各界政要如毛泽东、周恩来、张闻天、陈云、瞿秋白，宋庆龄、何香凝、张澜、黄炎培、马相伯，蒋介石、宋子文、孔祥熙、张学良、顾维钧等，抗战将领如陈毅、张自忠、戴安澜、张治中、谢晋元等，文化名人如鲁迅、蔡元培、夏衍、史量才、郭沫若等，国际友人如陈纳德、路易·艾黎、尾崎秀实、鹿地亘等在上海都留有故（旧）居或纪念地。抗战名人在上海的纪念地镌刻着上海这座城市千百年积累的记忆，成为传承历史文化的重要载体，也是上海历史文化资源的特色和优势。

为了全景式展现各界抗战名人在上海的纪念地，上海市文史资料研究会通过众多的图照和资料等，图文并茂地系统编辑《抗战名人在上海的纪念地》图册，该图册列为"上海抗战与世界反法西斯战争研究丛书"。

朱敏彦

2017年9月3日

目　录

各界政要在上海的故旧居

1

中国共产党政要
在上海的故旧居

毛泽东甲秀里旧居（茂名北路 120 弄 7 号）

毛泽东塑像（1920 年毛泽东寓所内）

毛泽东（1893—1976），字润之，湖南湘潭人。中国无产阶级革命家、战略家和理论家，中国共产党、中华人民共和国的主要创始人、缔造人和领导人，中国人民解放军的主要创建人和领导人。

毛泽东在抗日战争时期的主要功绩：在周恩来、张闻天等的帮助下，在中国革命危急关头挽救了中国革命和中国共产党，实现了从国内战争向民族抗日战争的转变；建立了抗日民族统一战线，实行了第二次国共合作，组织了全民族的抗日战争；将马克思主义基本原理与中国革命具体实际相结合，形成了指导中国抗日战争乃至解放战争取得完全胜利的指导思想即毛泽东思想；直接开辟和领导了抗日战争的敌后战场，与国民党领导的正面战场共同取得抗日战争的全面胜利，中国共产党成为抗击日本侵略者的中华民族的中流砥柱。

毛泽东在上海的寓所主要有两处：一处位于静安区哈同路民厚南里29号（今安义路63号），该住宅坐北朝南，砖木结构，大门为普通的排门，底层前半部是店堂。毛泽东寓居期间，生活简朴，大多数家具是租借的。中国共产党成立前后，毛泽东多次到上海，安义路63号是毛泽东1922年来沪的寓所。当时毛泽东深受李大钊的影响，开始接触马克思主义。他在安义路寓所发起成立了湖南改造促成会，发表《湖南改造促成会发起宣言》《湖南建设问题的商榷》《湖南人民的自决》等文章，引起社会关注。毛泽东此次来上海后，曾多次前往霞飞路（今淮海中路）老渔阳里2号，拜访正在酝酿创建中国共产党的陈独秀，探讨马克思主义。正是在安义路居住的这一时期，毛泽东完成了向共产主义世

1920 年毛泽东寓所旧址外景（安义路 63 号）

1920 年毛泽东寓所旧址内景（安义路 63 号）

界观的转化。1955年5月，公布为上海市文物保护单位。另一处位于静安区慕尔鸣路甲秀里318号（今茂名北路120弄7号），该住宅是一幢两楼两底砖木结构的旧式石库门房子，有天井、客堂、前楼和厢房等，建筑面积576平方米，是毛泽东1924年第九次来上海工作期间居住的地方，是他在上海住得时间最长的一处，也是他和杨开慧共同开展革命活动的住所。1924年1月，毛泽东参加国民党第一次全国代表大会后，被派往国民党上海执行部，担任文书科代理主任兼组织部秘书。2月中旬抵沪，先住闸北三曾里，不久搬到慕尔鸣路甲秀里。同年6月，杨开慧携母亲向振熙和儿子毛岸英、毛岸青来到上海。一楼前厢房是毛泽东与杨开慧一家的卧室兼书房，后厢房是杨开慧母亲房间，客堂则是一家吃饭和会客的场所。当年他们居住过的厢房里，一组蜡像生动的描绘了伟人一家其乐融融的生活场景。这里也可以说是全国50多处毛泽东纪念馆中最具家庭生活气息的一处。毛泽东身兼数职，忙于国共两党事务，是年底积劳成疾，经组织批准，携妻儿回湖南养病。上海茂名北路甲秀里毛泽东旧居1977年12月7日公布为上海市文物保护单位。

上海甲秀里毛泽东旧居（茂名北路 120 弄 7 号）

毛泽东全家塑像（上海甲秀里毛泽东旧居内）

周恩来塑像（周公馆内）

周恩来（1898—1976），祖籍浙江绍兴，生于江苏淮安，字翔宇，曾用名伍豪等。周恩来是伟大的马克思主义者，伟大的无产阶级革命家、政治家、军事家、外交家，党和国家主要领导人之一，中国人民解放军主要创建人之一，中华人民共和国的开国元勋，是以毛泽东同志为核心的党的第一代中央领导集体的重要成员。

周恩来在抗日战争期间的主要功绩：在遵义会议上，周恩来旗帜鲜明地支持毛泽东的正确主张，为确立毛泽东在红军和党中央的领导地位，为在危难中挽救红军、挽救党，发挥了重要作用；西安事变爆发后，在极端复杂而艰难的环境中推动西安事变和平解决，促成了第二次国共合作，建立了抗日民族统一战线，形成团结抗日的新局面；抗日战争期间，周恩来代表中国共产党长期坚持在国民党统治区工作，负责与国民党当局谈判，广泛团结社会各阶层爱国人士，为坚持、巩固并发展抗日民族统一战线作出了杰出的贡献。

周恩来在上海的住所主要有两处，一处位于黄浦区（原卢湾区）思南路107号（今73号）。1946年6月，中国共产党代表团在此设立办事处，由于国民党的限制，办事处对外称周恩来将军寓所，简称周公馆。办事处设立后，周恩来、董必武等曾多次在这里会见各界人士并举行中外记者招待会，阐述中国共产党对和平民主的一贯主张。该楼建于20世纪20年代，坐北朝南，是一幢一底三层

周公馆外景（思南路 73 号）

周公馆内景（思南路 73 号）

周恩来早期革命活动旧址（四川北路 1953 弄 44 号）

的西式花园楼房，砖木结构，二三层南向有封闭的长阳台，三层挑出小阳台，外墙立面置卵石，清水砖相嵌。南向两层，大阳台旁有室内楼梯通花园，屋内另设半地下室。夏天整幢楼房掩映在浓绿的爬山虎叶丛中。草坪中央，有一棵枝叶茂盛的大塔松。楼房的南面，有占地一亩多的花园，中间是正方形草坪，草坪中央耸立百年大雪松，还有一个小喷水池。一楼朝南约40平方米的会客室，朝东的一间约14平方米，是周恩来、邓颖超夫妇的工作室兼卧室，中间是饭厅，约20平方米，周恩来曾在此与工作人员一起用餐。二楼是外事人员的工作室兼卧室。三楼正中一间约40平方米，是集体宿舍。抗战结束后，周恩来到南京参加"军事调处三人小组"的谈判，为实现"停战"奔波，有时也到上海来领导其他方面的工作。周公馆实际上是以周恩来名义设立的内部办事处，是中国共产党与上海各界人士联系的地方，也是各个解放区人员来往联络的重要枢纽。新中国成立后，在原址设纪念馆，周恩来卧室等部分室内恢复原来摆设，另辟中国共产党代表驻沪办事处陈列室介绍当年历史。1959年5月26日公布为上海市文物保护单位，1977年12月7日重新公布为上海市文物保护单位。另一处位于虹口区四川北路1953弄（永安里）44号，是周恩来在上海早期革命活动旧址。2005年10月31日公布为上海市优秀历史建筑。2009年1月7日公布为虹口区文物保护单位。2014年4月4日公布为上海市文物保护单位。

张闻天塑像（张闻天故居内）

张闻天（1900—1976），原名"应皋"，字"闻天"，笔名洛夫、洛甫。上海浦东人。毛泽东曾说过，在他之前中国共产党历史上有五朝书记：陈独秀、瞿秋白、向忠发（实际工作是李立三）、博古（秦邦宪）、张闻天。1935年1月遵义会议上，张闻天接替博古为总书记，"受任于败军之际，奉命于危难之间"，算到1938年共产国际明确支持毛泽东为中国共产党领袖，张闻天任总书记是四年。

张闻天在抗日战争期间的主要功绩：在中华民族命运的重要转折期，正确处理西安事变，抓住这一千载难逢的机会实现了第二次国共合作，建立了抗日民族统一战线，实现了由国内战争向民族战争的转变，取得了中国共产党对敌后抗战的领导权，1938年后，张闻天担任中共中央政治局常委、书记处书记并兼任中共中央宣传部部长、马列学院院长等职，为推动全民抗战做了大量宣传和教育工作，为党培养了一大批干部。

张闻天故居位于浦东新区机场镇闻居路50号，是一座具有江南民居特色的民宅，建于清光绪年间，建筑面积488平方米，占地面积686平方米。前有菜园、绿树，后有翠竹、河沟，周围竹篱笆，一派田园风光。故居坐北朝南，一面正屋，两边厢房，砖木结构，坐北朝南。屋脊上有古代官吏形象的雕刻，显示房屋主人有较高的地位。正屋、厢房、杂用房共十三间。故居中间是青砖铺地的天井，前面有木结构门亭，古称秀才亭，亭上匾额是1986年

张闻天故居（浦东新区机场镇闻居路 50 号）

9月陈云题写的"张闻天故居"，亭前有两块用绿篱笆围的菜地；张闻天诞生于客堂西侧的正房内，在家乡度过幼年和青少年时期。投身革命后，公而忘私，国而忘家，只在1958年4月和1962年6月趁去南方调查工作之际偕夫人刘英回家探亲。1985年9月，上海市人民政府拨专款对张闻天故居进行了修缮。1985年9月19日，经上海市人民政府批准，张闻天故居列为上海市文物保护单位。1989年初，市文管会拨款对张闻天故居进行全面修缮，在保持原貌的前提下，将地基升高50厘米，辅设下水道，增筑篱笆围墙和必要的通道等，积极加以保护。两扇大门上方悬挂着陈云题字的匾额，辟有张闻天革命史绩陈列室，陈列有张闻天塑像、江泽民、李鹏、杨尚昆等中央领导同志题字以及300多幅照片和260多件实物；客堂，复原陈列太师椅、茶几、长方台、八仙桌等实物，是张氏家族中聚会议事的地方；卧室，是张闻天青少年时期生活的地方；厨房，是张闻天少年时代全家用膳处；书房，是张闻天少年时期读书的地方。2001年6月25日张闻天故居公布为全国重点文物保护单位。

张闻天生平陈列馆（浦东新区机场镇闻居路 50 号）

张闻天故居（浦东新区机场镇闻居路 50 号）

陈云塑像（中共淞浦特委机关旧址内）

陈云故居外景（青浦区练塘镇胜利街9号）

陈云（1905—1995），伟大的无产阶级革命家、政治家，杰出的马克思主义者，中国社会主义经济建设的开创者和奠基人之一，党和国家久经考验的卓越领导人，是以毛泽东同志为核心的党的第一代中央领导集体和以邓小平同志为核心的党的第二代中央领导集体的重要成员。

陈云在抗日战争期间的主要功绩：在遵义会议上，陈云坚定支持毛泽东的正确主张，支持会议确立以毛泽东为代表的正确领导，会后，陈云赴苏联向共产国际汇报遵义会议的情况；陈云在抗日战争期间担任7年中共中央组织部部长，领导制定"了解人、气量大、用得好、爱护人"的十二字干部政策，提出选拔任用干部要坚持德才兼备的原则，为抗日战争胜利提供了组织上和干部上的准备；1944年3月任西北财经办事处副主任兼政治部主任，主持中共中央所在的陕甘宁边区财政经济工作，有效地执行发展经济、保障供给的方针。

陈云故居位于青浦区练塘镇胜利街9号，原来是陈云舅母家的房产。总占地面积52亩，包括纪念馆主体建筑和附属设施两部分。纪念馆主体建筑占地39亩，高14米，建筑面积5500平方米，陈列面积4500平方米，一层、二层的四个展厅陈列着反映陈云光辉一生的图片、文献、实物等史料。主体建筑采用中轴严格对称布局的手法来表现崇高的纪念主题，前面为广场，广场正中有陈云铜像，两侧设长廊和水池，周围种植苍松、翠柏，后方设青石铺地的小广场。陈云故居位于主馆的北侧，是一座两层砖木结构的具有江南水乡质朴典雅风貌的明清老式江南民居，坐南朝北，面向河畔，是陈云早年居住过的房屋。总建筑面积95.88平方米，故居陈设基本保持当年原貌。1959年公布为青浦县文物保护单位，1960年整修，"文化大革命"期间，楼房被改建，1984年重新修缮。2002年4月27日公布为上海市文物保单位。

陈云故居远景（青浦区练塘镇朱枫公路1516号）

陈云故居纪念馆（青浦区练塘镇朱枫公路1516号）

1928年10月至1930年，由陈云为主要负责人之一的中共淞浦特委机关办公地点设在静安区山海关路育麟里5号（今山海关路285号）这幢石库门楼房。中共淞浦特委领导松江、金山、青浦、南汇、川沙、奉贤、嘉定、宝山、崇明和太仓等十个县的农村工作。陈云等深入农村，开展调查研究，恢复发展党的组织；先后发动领导了奉贤庄行、金山新街等地的农民武装斗争。

中共淞浦特委机关旧址（静安区山海关路 285 号）

瞿秋白像——《布尔什维克》第一任编辑部主任

瞿秋白寓所旧址（铭牌）

瞿秋白（1899—1935），原名瞿双，后改名瞿霜、瞿爽。江苏常州人。散文作家，文学评论家。他曾两度担任中国共产党最高领导人，是中国共产党早期主要领导人之一，马克思主义者，无产阶级革命家、理论家和宣传家，中国革命文学事业的重要奠基者之一。1927年7月大革命失败后，在汉口主持召开临时中央紧急会议即著名的"八七会议"，任临时中央政治局常委，主持中央工作，成为党的主要领导人之一。1928年4月去苏联，任中共中央驻共产国际代表团团长。1930年8月回上海，9月和周恩来一起主持中共六届三中全会。在1931年1月召开的中共六届四中全会上，瞿秋白被解除中央领导职务，开除出中央政治局。

1931年九一八事变后，瞿秋白在上海参加"左联"领导工作，通过"左联"推动上海文化界抗日救亡运动的开展。其间，系统向中国读者介绍马克思、恩格斯、列宁、斯大林及普列汉诺夫关于文学艺术的理论，翻译苏联著名文学作品。1934年2月到瑞金，任中华苏维埃共和国中央政府人民教育委员，兼任苏维埃大学校长。同年10月中央红军主力长征后，留在南方，任中央分局宣传部长。1935年2月23日在福建被捕，6月18日在福建长汀英勇就义，时年36岁。瞿秋白的代表作品有《赤都心史》《饿乡纪程》《多余之话》等。

瞿秋白在上海的住所有两处。一处位于虹口区山阴路133弄（东照里）12号，1920年建造，占地60平

瞿秋白东照里寓所旧址（山阴路133弄12号）

方米，建筑面积141平方米，为坐南朝北、砖木结构三层新式里弄住宅。底层入口券门，二层券窗，三层挑出通长阳台。墙面水刷石钩缝。宅前有小庭院。1933年3月，经鲁迅介绍，瞿秋白夫妇入住此处二楼14平方米的亭子间。同年4月11日，鲁迅一家搬至山阴路大陆新

村，两家仅隔一条马路。他们经常在一起谈论时事、文艺，共同领导左翼文化运动，结下深厚友谊。瞿秋白在此编辑《鲁迅杂感选集》，写下1.5万字的序言，对鲁迅思想及杂文的战斗意义作了精辟论述，第一次给鲁迅以中国现代文学史上"无产阶级和劳动人民的真正友人，以至于战士"的高度评价，引起文化界震动，被认为是瞿秋白少有的精心之作。其间，瞿秋白还写了《王道诗话》《出卖灵魂的秘诀》等十二篇杂文。同年6月搬出。1960年11月22日公布为上海市文物保护单位，1984年5月4日重新公布为上海市文物保护单位。另一处旧居位于长宁区愚园路亨昌里418号（今愚园路1376弄34号），即《布尔什维克》编辑部旧址。1927年10月24日，中共中央机关刊物《布尔什维克》创办，编辑部设在此处，由瞿秋白、罗亦农、邓中夏、王若飞、郑超麟五人组成编辑委员会，瞿秋白任主任。该楼是一幢假三层新式里弄房屋，建筑面积136平方米。这不仅是中共中央机关刊物的编辑部，还是中共中央领导同志革命活动的重要场所。1984年5月4日公布为上海市文物保护单位。1988年10月修复后对外开放，并设陈列室，介绍编辑部情况、编委会成员生平及长宁区革命史料史迹展。

瞿秋白旧居外景（愚园路 1376 弄 34 号《布尔什维克》编辑部旧址）

瞿秋白旧居内景（愚园路 1376 弄 34 号《布尔什维克》编辑部旧址）

2

著名民主人士在上海的故旧居

宋庆龄故居（淮海中路 1843 号）

宋庆龄塑像（宋庆龄故居内）

宋庆龄（1893—1981），广东文昌（今属海南）人，清光绪十九年（1893年）1月27日生于上海。1936年5月31日，宋庆龄与马相伯、何香凝、沈钧儒、章乃器等人在上海成立全国各界救国联合会，发表宣言，通过《抗日救国初步政治纲领》。1938年6月，宋庆龄在香港创建保卫中国同盟，任中央委员会主席。团结中外进步与友好人士，募集大量医药物资和经费，支援中国共产党领导的八路军、新四军的抗日斗争。同时，通过《保卫中国同盟新闻通讯》和各种途径向外国救援机构和人士、华侨报道中国抗战，介绍抗日根据地军民的英勇斗争。1941年12月，太平洋战争爆发，宋庆龄转移到重庆，继续开展保盟的工作。

宋庆龄在上海的住所有多处。一处是位于徐汇区淮海中路1843号（原为林森中路1803号），占地面积4333平方米，主体建筑为一幢乳白色船形的假三层西式楼房，建筑面积700平方米。楼后是花木茂盛的花园，四周围绕着三十多株百年香樟，葱茏苍翠，四季常青。故居内的陈设保持宋庆龄生前原样。楼下客厅背面墙上挂着孙中山先生的遗像，南面墙上挂着毛泽东主席1961年来此看望她时的留影，餐厅里陈放着她个人生活经历中的重要纪念品和各国友人赠送的珍贵礼品。在这间陈设简朴的小餐厅里，宋庆龄宴请过来访的贵宾。书房中收藏着孙中山先生演讲的珍贵录音、唱片和孙中山亲笔题字的遗著，还有中外图书四千余册。二楼

宋庆龄故居（淮海中路 1843 号）

是卧室和办公室，室内摆放着孙中山18岁时的照片和孙中山逝世前一年与宋庆龄的合影。书桌上放着她生前使用过的文具用品。室内还存放着一架钢琴。二楼走廊里，挂着宋庆龄1951年接受"加强国际和平斯大林奖金"时的照片。故居不仅是宋庆龄的居家之所，也是她处理政务、从事国务活动的重要场所。1963年4月起，宋庆龄因工作、年龄等因素不便再南北奔波，遂以北京后海北沿46号为主要居住地。1978年12月31日宋庆龄回上海住所过春节，至2月底返京，这是她最后一次回上海。1981年5月29日宋庆龄因病在北京寓所逝世后，

她在上海的寓所经过整理，同年10月揭牌建馆，实行内部开放。同年10月22日上海宋庆龄故居被公布为上海市文物保护单位，1988年5月宋庆龄故居向社会公众开放，成为上海市重要的爱国主义教育基地。2001年6月25日公布为第五批全国重点文物保护单位。另一处位于徐汇区桃江路45号，现为民居。2006年10月18日公布为徐汇区文物保护单位。还有一处位于虹口区东余杭路530号和526弄23—31号，是宋庆龄童年生活过的地方。宋氏老宅旧址位于静安区陕西北路369号，2006年11月17日公布为静安区文物保护单位。

宋庆龄旧居（桃江路 45 号）

宋氏老宅旧址（陕西北路 369 号）

宋庆龄旧居（东余杭路 530 号和 526 弄 23–31 号）

何香凝像

何香凝旧居（铭牌）

何香凝（1878—1972），广东南海人。中国近代女革命家和政治活动家。民革主要创始人，国民党元老，"三大政策"的忠实执行者，抗日统一战线的一个方面军。1936年5月31日，何香凝与马相伯、宋庆龄、沈钧儒、章乃器等人在上海成立全国各界救国联合会，发表宣言，通过《抗日救国初步政治纲领》。1937年7月28日，何香凝与马相伯、宋庆龄等人成立上海文化教育界救亡协会（简称"文协"），推举宋庆龄、马相伯、何香凝等八十三人为理事。上海文协是一个国共双方参加的统一战线性质的文化界救亡团体，通过各种形式将群众发动组织起来，仅一个月时间，就发展团体会员七十六个。新中国成立后，先后担任中央人民政府委员会委员，全国政协副主席，全国人大常委会副委员长，中国国民党革命委员会副主席、主席，中华全国妇女联合会名誉主席等职。1972年9月1日在北京逝世。著有《双清文集》。

何香凝旧居位于黄浦区（原卢湾区）复兴中路553弄（复兴坊）8号，原是宋子文亲友的房产，1927年11月何香凝到上海后，经宋子文穿针引线，借居在此。2004年2月10日公布为卢湾区登记不可移动文物。2005年10月31日公布为上海市优秀历史建筑。

何香凝旧居（复兴中路 553 弄 8 号）

张澜像

张澜旧居（铭牌）

张澜（1872—1955），字表方。四川南充人。1937—1945年（抗日战争期间）任四川省抗战后援会主任，四川建设委员会川北办事处主任，国民参政会参政员。1939年，参与发起民主宪政运动和组织统一建国同志会。1941年3月，参加发起组织中国民主政团同盟，被选为中央执行委员，并被推选为民盟中央主席。

张澜旧居位于徐汇区永嘉路321弄8号，三层里弄住宅，砖木结构，方向朝南。房屋保存基本完好，现为民居。张澜于1946—1948年居住（当时为四川和成银行宿舍）。2003年12月25日，徐汇区文物管理委员会与上海市民盟举行了张澜寓所挂牌仪式。2007年8月28日公布为徐汇区不可登记移动文物保护单位。2014年4月4日公布为上海市文物保护单位。

张澜旧居（永嘉路 321 弄 8 号）

黄炎培塑像（黄炎培故居内）

黄炎培故居大门（浦东新区川沙镇兰芬堂74弄1—8号）

黄炎培（1878—1965），字任之，别号抱一。上海浦东人。1931年"九一八"事变发生后，联合上海各界人士，从事抗日救亡运动，先后组织上海市民地方维持会、上海市地方协会，任秘书长。1937年抗战全面爆发后，随国民政府西撤武汉、重庆，在后方坚持为中华职业教育社筹办各种事业。1939年11月，与沈钧儒、梁漱溟、章乃器、章伯钧、周士观等，组织"统一建国同志会"。后又组建"中国民主政团同盟"，创办《宪政月刊》，积极谋求和平、团结、统一。1945年7月1日，和褚辅成、冷御秋等五人访问延安，所著《延安归来答客问》《延安归来》如实报道延安情况。

黄炎培故居在上海浦东新区川沙镇兰芬堂74弄1—8号，原为江苏省川沙厅城王前街"内史第"。黄炎培故居在第三进内宅楼东厢房前楼内。占地面积306平方米，建筑面积480平方米，坐北朝南，两层砖木结构院落。黄炎培于清光绪四年九月初六（1878年10月1日）在此出生。1986年上海市文物管理委员会定为黄炎培故居。1991年川沙县政府拨款大修，11月6日举行黄炎培故居落成典礼和黄炎培铜像揭幕仪式。经整修的黄炎培故居砖木结构，占地面积733平方米，建筑面积486平方米，四周有围墙。大门口门楼飞檐翘角，正面有"凤戏牡丹"，两旁有"状元游街""状元献宝"的砖雕图案，中间镶有"华堂映日"四字，仪门背后左右两端有"桃园结义""三顾茅庐"砖雕，上有"凤戏牡丹"，下有"德

黄炎培内史第故居（浦东新区川沙镇兰芬堂 74 弄 1—8 号）

厚春秋"四字，脊的正中置放盆景万年青，两端凤首遥望。门楼外置有上海市文物保护单位的碑石，正楼前有黄炎培铜质半身像一座，上悬陈云手书"黄炎培故居"匾额。故居内有黄炎培生平事迹展览陈列室，大厅内展出黄炎培1953年3月23日书赠《展望》社的亲笔信"毛主席善于听取与我不同的意见，善于和意见与我不同的人合作"的条幅与黄炎培画像。还陈列《黄炎培家谱》《黄炎培日记》《延安归来》等书籍，有毛泽东给黄炎培的亲笔信（放大件），与刘少奇、周恩来、朱德等人来往信件等共二百七十余件。黄炎培居住部分，按原状修复，并复原卧室、书房及楼下客堂等，其中部分家具系

黄炎培故居（铭牌）

原物，还有党和国家领导人的题字。1992年5月27日对外开放。1992年6月1日公布为上海市文物保护单位。

马相伯像

马相伯故居（松江区泗泾镇开江中路356号）

马相伯（1840—1939），名建常，又名良，字相伯，晚年号华封老人。祖籍江苏丹阳，生于丹徒（今镇江）。中国著名教育家、爱国人士、耶稣会神学博士。1931年"九一八"事变时，1月12日，95岁高龄的马相伯领衔、社会著名人士沈钧儒、陶行知、邹韬奋等二百八十三人签名的《上海文化界救国运动宣言》发表，提出八点救国主张，表达了上海各界人士的共同要求。他先后发起组织江苏国难会、不忍人会、中国国难救济会和全国各界救国会等爱国救亡团体，被公认为救国领袖、爱国老人。在他家里召开救国会第二次执委会时，他特地写了"耻莫大于亡国，战虽死亦犹生"联语，与与会者共勉。

马相伯故居位于松江区泗泾镇开江中路356号。2013年6月8日公布为松江区文物保护单位。马相伯旧居在上海市区主要有两处：一处位于徐汇区蒲汇塘路55号（即现在的徐汇区董恒甫职校老教学楼3楼）。2007年8月2日公布为徐汇区文物保护单位。2007年9月3日，徐汇区文化局、徐汇区教育局联合为马相伯旧居举行挂牌仪式。另一处位于复旦大学校园（复旦大学历史建筑群）内。2004年2月25日公布为杨浦区登记不可移动文物。2005年10月31日公布为上海市优秀历史建筑。

马相伯故居外景（松江区泗泾镇开江中路 356 号）

马相伯故居内景（松江区泗泾镇开江中路 356 号）

马相伯旧居（徐汇区蒲汇塘路 55 号）

柳亚子像

柳亚子别墅（青浦区朱家角镇南圣堂浜胜利街33号）

柳亚子（1887－1958），原名慰高，字稼轩，号亚子，江苏省苏州市吴江区北厍镇人。创办并主持南社。曾任孙中山总统府秘书，中国国民党中央监察委员、上海通志馆馆长。抗日战争时期，与宋庆龄、何香凝等从事抗日民主活动，曾任中国国民党革命委员会中央常务委员兼监察委员会主席、三民主义同志联合会中央常务理事，中国民主同盟中央执行委员。1949年，出席中国人民政治协商会议第一届全体会议。建国后，任中央人民政府委员、全国人大常委会委员。

柳亚子旧居位于复兴中路517号（思南路23号），原辣斐德路557号。建筑为欧洲近代独立式花园住宅，1926年建造。坐北朝南，三层砖混结构，红陶机制平瓦双坡顶，山墙开圆形明窗，外墙为水泥砂浆抹层嵌天然砾石饰面，一至二层间饰有红砖腰线。主入口东向，饰红砖券式门楣，有弧形石阶直达一楼客厅；建筑南立面中部两开间前出为内阳台，有外置直梯径往花园；底层为辅助用房，二楼为卧室和起居室，屋顶层有过道连通室外露台。该房屋外观近于法式，在设计布局及细部装饰方面多处沿用了义品村的成例。2004年2月10日公布为卢湾区（现黄浦区）登记不可移动文物。2005年10月31日公布为上海市优秀历史建筑。

柳亚子另一处旧居位于青浦区朱家角镇南圣堂浜胜利街33号，称柳亚子别墅，2004年2月19日公布为青浦区文物保护单位。

柳亚子旧居（复兴中路517号）

七君子（沈钧儒、王造时、李公朴、沙千里、章乃器、邹韬奋、史良）1936年5月31日，马相伯、宋庆龄、何香凝、沈钧儒、章乃器等人在上海宣布成立全国各界救国联合会，发表宣言，通过《抗日救国初步政治纲领》，向全国各党各派建议：立即停止军事冲突，释放政治犯，各党各派立即派遣正式代表进行谈判，制定共同救国纲领，建立一个统一的抗日政权等。当时选举了马相伯、宋庆龄、何香凝、沈钧儒、邹韬奋、章乃器、史良、王造时、李公朴、沙千里、陶行知等人担任执行委员。1936年11月23日，南京国民政府以"危害民国"罪在上海逮捕了救国会领导人沈钧儒、王造时、李公朴、沙千里、章乃器、邹韬奋、史良等七人，因为被捕的这七人都是当时社会公认的社会贤达，所以世称"七君子事件"。1937年4月3日，南京国民政府向沈钧儒等七人提出起诉书，并于6月11日和25日在江苏省高等法院两次开庭审讯。沈钧儒等人坚持抗日救国立场，在狱中和法庭上进行了不屈不挠的斗争。"七七"事变爆发后，南京国民政府宣布具保释放沈钧儒等七人，并于1939年2月最后撤销了起诉书。

"七君子"在看守所被释放前的合影。左起王造时、史良、章乃器、沈钧儒、沙千里、李公朴、邹韬奋

邹韬奋塑像

邹韬奋故居（重庆南路 205 弄 54 号）

邹韬奋（1895—1944），伟大的爱国者、我国近代史上杰出的新闻记者、政论家和出版家。原名邹思润，祖籍江西，出生在福建永安没落地主官僚家庭，韬奋是他1926年主编《生活周刊》时所用的笔名，"韬"意为韬光养晦，"奋"意为奋斗不止。1912年到上海，进南洋公学（交通大学前身）附属小学读书，1919年，转到上海圣约翰大学文科，毕业后开始主编《教育与职业》月刊。1926年10月，接任《生活周刊》主编，革新刊物内容，联系实际，联系群众，销数突破当时全国期刊的发行量。1932年，在《生活》周刊的基础上创办了生活书店，以后发展成为出版发行进步书刊和马列著作的重要文化阵地。1933年，参加中国民权保障同盟，被国民党特务列入"黑名单"，被迫流亡海外，到欧洲各国考察，特别在伦敦，系统学习了马列主义和其他社会科学著作。1935年回国后，在沪创办《大众生活》周刊，声援"一二·九"学生运动。1936年5月，全国各界救国联合会成立，被选为执委。11月23日，救国会领导人被国民党当局逮捕，成为著名的七君子。抗争爆发后，获释，继续与国民党斗争。1944年7月24日病逝于上海。7月28日，中共中央发唁电，追认他为中共正式党员。

韬奋故居位于黄浦区（原卢湾区）重庆南路205弄（万宜坊）54号。1930至1936年间，邹韬奋和夫人沈粹缜寓居于此。住宅坐北朝南，三层砖木结构，住宅前有高约两米的围墙，大门里面有小天井，穿过天井，是会客厅兼餐厅，厅内按照经韬奋夫人沈粹缜等回忆，征集当年使用原物，按当年原貌及室内原状修复布置。中央置有一张大圆桌，桌旁设四张靠背椅子，厅内四周陈放着单人沙发、三人沙发和茶几。当年韬奋就在这里与潘汉年、张仲实、金仲华等人促膝长谈，筹办《生活周刊》、开设生活书店等事宜。二楼前楼是韬奋夫妇的卧室，室内设有床、大厨、梳妆台，一侧的墙上挂着合家欢照片，梳妆台上放着一只木台钟和一只花瓶，南面临窗放有小圆桌和两把椅子，这也是一般上海近代文化人士寓所里的布置格局。后楼房间较小，不足七平方米，即所谓的亭子间，斗室面北，是韬奋的工作室，靠窗的写字台上放着笔和砚台以及印有"韬奋稿纸"字样的文稿纸，靠墙是两只装满外文书籍的书柜，书香气息浓厚。三楼两间房间是韬奋的小女和母亲的卧室。为了纪

邹韬奋故居内景

韬奋楼（万航渡路 1575 号）

念这位革命志士，后来在韬奋寓所的隔壁开设了韬奋纪念馆。1959年5月26日公布为上海市文物保护单位。1977年12月7日重新公布为上海市文物保护单位。2005年10月31日公布为上海市优秀历史建筑。邹韬奋还有一处纪念地即韬奋楼（原名怀施堂），位于长宁区万航渡路1575号华东政法大学长宁校区内，1951年为纪念圣约翰大学学生邹韬奋更名为韬奋楼。1994年2月15日公布为上海市优秀历史建筑。2003年12月23日公布为长宁区登记不可移动文物。2014年4月4日公布为上海市文物保护单位。

史良像

史良旧居（铭牌）

史良（1900—1985），江苏常州人，毕业于上海法科大学，1931年起在上海当律师，曾任上海律师公会执委。多次为进步人士和共产党人出庭辩护。1933年曾营救邓中夏，自此开始为中共方面作辩护律师，与中共上海地下组织互济会建立联系，承办多起政治案件。"一二·九"运动爆发后，与沈兹九、罗琼等率先发起成立上海妇女救国会，发表宣言及《告全国妇女书》，被推为理事。任上海文化界救国会执行委员。1936年当选为全国各界救国联合会常委。解放战争期间，为中国民主同盟上海执行部负责人之一。1949年出席全国政协第一届全体会议。后历任司法部部长，政务院政法委员会委员，全国政协常委、副主席，全国人大常委会副委员长，民盟中央副主席、主席，全国妇联副主席。1985年9月6日在北京逝世。

史良旧居位于黄浦区（原卢湾区）复兴中路553弄（复兴坊）1号。史良自20世纪30年代初入住此处。1926年建造，砖木结构、联列式新式里弄，三层楼，每幢房屋前有数平方米的小花园。一楼为律师接待室，会客厅曾多次召开抗日救亡会议。1936年11月23日凌晨，法租界巡捕房十余人包围史家，把史良关入中央捕房，同时遭到逮捕的还有邹韬奋、沈钧儒等七人，史称七君子事件。1937年抗战爆发后出狱，不久，史良在这里结婚，1937年12月离沪前往香港。2004年2月10日公布为卢湾区登记不可移动文物。2005年10月31日公布为上海市优秀历史建筑。

史良旧居（复兴中路 553 弄 1 号）

沈 钧儒（1875—1963），字秉甫，号衡山，男，汉族，浙江嘉兴人，清光绪时进士。著名爱国民主人士，中国法学家，政治活动家，曾出席在柏林召开的国际民主法律工作者协会第五届代表大会，当选为国际民主法律工作者协会副主席。著名的救国会"七君子"领头人。曾任民盟中央主席，历任中央人民政府委员、最高人民法院院长、全国人大副委员长、全国政协副主席和中国政治法律学会副会长等职。1963年6月11日在北京逝世，终年89岁。

沈钧儒旧居位于长宁区愚园路750弄（愚园新村）11号。2005年10月31日公布为上海市优秀历史建筑。

沈钧儒像

沈钧儒旧居（愚园路 750 弄 11 号）

沈钧儒旧居（愚园路 750 弄 11 号）

沙千里像

沙千里（1901—1982），原名仲渊，上海市人。北伐战争时期加入中国国民党，任国民党上海三区党部执行委员。1928年考入上海法科大学，并参加青年之友社，任《青年之友》周刊主编。1930年青年之友社扩组为蚁社，任执行委员。1934年集合蚁社核心力量，组建苏联之友社，主编《生活知识》月刊。1936年参与发起成立上海职业界救国会、上海各界救国联合会和全国各界救国联合会，主编《救亡周刊》，同年11月与沈钧儒等被国民党政府逮捕入狱，为著名的"七君子"之一。1938年加入中国共产党，参与组建中国工业合作协会。1942年参加中国民主政团同盟。1945年后，参与组建中国经济事业协进会、上海人民团体联合会等。1947年底赴香港任救国会常务委员。新中国成立后，任中央财经委员会第六办公厅副主任，中央人民政府贸易部副部长，商业部副部长，地方工业部部长，轻工业部部长，粮食部部长等。1980年8月至1982年任政协全国委员会副主席。是第一、二、三届全国人大代表，第四、五届全国人大常委会委员；政协第一届全国委员会委员；中国民主建国会第二、三届中央常务委员；全国工商联第二、三、四届执委会副主任委员。著有《七人之狱》。

沙千里旧居位于黄浦区（原卢湾区）淡水路91弄15号。原是其兄沙意志的寓所，1946年初沙千里受党委派回上海居住在此，以民主人士身份开展党的统战工作，直到1948年撤离。2007年12月3日公布为卢湾区登记不可移动文物。

沙千里旧居（铭牌）

沙千里旧居（淡水路 91 弄 15 号）

王造时像

王造时旧居（多伦路93号）

王造时（1903—1971），原名雄生，江西安福人。1917年就读于北京清华学校中等科，1919年参加"五四"运动，两次被捕入狱，后任清华学生会评议会主席。1925年8月毕业后，转到美国威斯康星大学就读政治学，1929年6月获政治学博士学位，8月到英国任伦敦经济学院研究员。1930年经苏联回国，受聘任上海光华大学文学院院长兼政治系主任、教授。"九一八"事变后，创办《主张与批评》半月刊，后创办《自由论坛》杂志。参与发起组织上海各大学教授抗日救国会，支持十九路军和淞沪抗战。又与宋庆龄、鲁

王造时旧居（多伦路93号）

迅、杨杏佛等发起组织中国民权保障同盟，担任同盟的宣传委员、执行委员，参与援救被国民党关押的革命者和进步学生。1933年11月，参加"福建事变"，发表《为闽变忠告当局》宣言，公开反蒋抗日主张。1935年底，与马相伯、沈钧儒等共同组织上海文化界救国会并担任执行委员。1936年出任上海文化界救国联合会中担任宣传部长，主持《上海文化界救国会会刊》和《救国情报》。1936年6月，全国各界救国联合会成立，被选为执行委员、常务委员。同年11月被国民党逮捕，为著名的"七君子"之一。上海解放后，积极参加爱国民主运动，是著名的爱国人士。1951年起，任复旦大学历史系教授，世界史教研室主任。1957年被错划为右派分子，1960年9月摘帽。"文革"中又受到冲击。1971年9月因病逝世，享年70岁。

王造时旧居位于虹口区多伦路93号，该建筑20世纪20年代建造，具有新古典主义建筑特征。王造时1950年至1955年居住此楼。2003年12月16日公布为虹口区登记不可移动文物。

3

中国国民党政要
在上海的故旧居

蒋介石宋美龄旧居（爱庐，东平路9号）

蒋介石（1887—1975），名中正，浙江奉化人。

1931年"九一八"事变后，蒋介石任军事委员会委员长，推行"攘外必先安内"政策，围攻红军革命根据地。1936年"西安事变"后，接受抗日主张，实行第二次国共合作。抗日战争期间，蒋介石作为国防最高委员会主席，同盟国中国战区最高统帅，起到了独特的作用。七七事变爆发后，9月23日，蒋介石发表了著名的谈话，宣布国共两党第二次合作。出现了在抗日民族统一战线的旗帜下各党各派共同抗日的大好政治格局；组织了正面战场22次大规模的重大战役，抗击了日本侵略者的进攻；1943年参加美、英、中三国开罗会议，确定了中国的大国地位。

宋美龄（1897—2003），广东文昌（今属海南）人。蒋介石的第四任妻子。抗日战争期间，宋美龄的作用主要为：邀请美国陈纳德将军到中国当空军顾问，组建了"飞虎队"，成为名义上中国空军总司令，由此也被名为"中国空军之母"；组织妇女工厂和战时学校，以"新生活运动促进总会妇女工作指导委员会"为全国妇运最高指导机关，在抗战中发挥了劝募慰劳工作；1942年离开重庆到美国治病，其间，谋求美国援助。1943年在美国国会的两院联席会议上发表演说；3月，同罗斯福总统会晤，并一起举行记者招待会；4月，到加拿大演讲；呼吁美国把对欧洲的考虑转向亚洲；5月回国，陪蒋介石参加开罗会议，为蒋介石担任翻译。

蒋介石与宋美龄结婚照

蒋介石与宋美龄旧居（爱庐，东平路9号）

　　蒋介石·宋美龄旧居（爱庐）位于东平路（原名贾尔业爱路）9号是一幢建于1932年的典型的法国式花园洋房，外墙嵌着或黑或白或黄的五彩鹅卵石，屋面是孟沙坡面式的，上面铺着红色的平板瓦，建筑面积为660平方米，花园980平方米，走进大铁门有一条不长的甬道通向内门石阶，沿石阶可进入镶着彩色玻璃、陈设庄重、铺着老式嵌木地板的客厅。客厅东边有拱型内室，西边是后来扩建的大客厅。主楼坐北朝南，由造型不一的东、西、中三个单元组成。副楼位于主楼两侧，分别是侍从人员、警卫人员的住所及工作室。东侧副楼成了学校的行政办公楼。主楼东侧二楼原是蒋介石、宋美龄的卧室及卫生间，且有一直达楼外的秘密暗道。现在卧室与卫生间已打通，成了学生们练琴的教室，暗道保留。主楼中间单元底层，现由学校出租给高华纺织品有限公司作办公室。

主楼南面原有一占地三十多亩的大花园，现已大大缩小，只有三四亩大。顺着花园往前走几十步有水池，旁有两座假山，一块假山石上镌刻着蒋介石题写的"爱庐"两个大字。这幢花园洋房一说是宋美龄母亲倪桂珍在1918年丈夫宋耀如病故后买下，一说是宋氏姐弟共同出资购买送给母亲安度晚年的。蒋介石结婚前在上海的住所大多是临时的，到了1927年与宋美龄结婚，宋陪嫁"爱庐"，才在上海真正安置了一个家。蒋介石把庐山牯岭别墅称为"美庐"，把杭州西湖的别墅称做"澄庐"，把上海这所住宅称做"爱庐"，可见他对这幢洋房的喜爱。宋美龄曾多次说："上海是我的第二故乡，我对它有特殊的感情。我之爱恋它，更甚于自己祖籍地海南岛。"1951年贺绿汀创办音乐青少年班，后改名为上海音乐学院附中，1958年上海音乐学院附中迁入。现"爱庐"建筑及花园已经成为上海音乐学院附中的一部分。1994年2月15日"爱庐"公布为上海市优秀历史建筑。2007年8月2日公布为徐汇区文物保护单位。2014年4月4日公布为上海市文物保护单位。

蒋介石宋美龄旧居（爱庐，东平路9号）

宋子文像

宋子文旧居（东平路 11 号）

宋子文（1894—1971），原籍广东文昌，1894年12月4日出生在上海。1912年宋子文在上海圣约翰大学毕业后赴美国哈佛大学留学，先后获哈佛大学经济学硕士学位、哥伦比亚大学经济学博士学位。1936年宋子文力排众议，飞赴西安，代表国民党与共产党达成停止内战、联合抗日的协议；1945年宋子文代表中国奔赴美国组建联合国，确认中国与苏联、美国、英国、法国等国作为联合国的共同发起国，并确定了中国作为联合国常任理事国的地位。宋子文从政期间，历任中央银行总裁、中国银行总裁、中华民国驻美国特使、国民政府财政部长、外交部长、行政院副院长、代院长、院长等。1945年3月任中国出席联合国首席代表，1949年去法国，后移居美国纽约。1971年4月26日在美国旧金山逝世。

宋子文旧居位于徐汇区岳阳路145号西楼的这幢法国式建筑，楼高三层，砖混结构，1928年建。1927年宋子文出任南京国民政府的财政部部长后不久就选择这幢新建的法国式花园住宅视为在上海的后花园，每逢周末或假日，他便从南京回上海小住。大门内是一个占地三十多亩的大花园，沿花园小径左侧往前，可见一幢法国式三层楼花园洋房。洋房上的橘红色的琉璃瓦，在阳光的照耀下宛若一片片锦鲤鳞，格外耀眼美丽。这幢花园住宅坐北朝南，楼高三层，大小房间二十多间。从正门踏入台阶是大会客厅兼舞厅，有200多平方米，地板用最高级进口柚木铺成。宋子文平时喜欢跳舞，宋家经

宋子文旧居（岳阳路 145 号）

常就在这个大客厅里举行家庭舞会。在二楼两套卧室之间还有个大过厅。沿着铺着纯羊毛地毯的楼梯便到了二楼卧室。两套卧室之间有一个大过厅，过厅向南是一个70多平方米的露天大阳台。洋房北侧连着一幢两层楼的副楼，底楼为车库，二楼为随从秘书、保镖、仆役居住。1947年后，宋子文便很少再来到这座设在上海的"后花园"小憩。上海解放后，该幢建筑一直由市机关事务管理局使用，"文化大革命"期间，林彪和江青到上海曾经居住过此花园住宅。宋子文在岳阳路的旧居现为中共上海市委老干部局办公楼和上海市老干部活动中心。1994年2月15日公布为上海市优秀历史建筑，2003年8月18日公布为徐汇区登记不可移动文物。宋子文在上海另一处旧居位于东平路11号花园住宅为法国式建筑，砖混结构，1921年建，法国文艺复兴风格，形体简洁，立面严正。此幢花园住宅坐北朝南，三层，屋顶红瓦覆盖，有两个坡度，上段平缓，下段较陡，在陡峭的坡度上开设装有檐口的窗户，做成"老虎窗"，立面显得既庄实又不呆板。底层为客厅，设有敞廊，楼外是个大花园。顺着雕花木扶手组成的楼梯拾级上楼，二层是卧室，内有壁炉，楼外是露天阳台，约70平方米，站在阳台上往南望，进入眼帘的是大花园。宋子文在东平路的旧居现为涉外酒吧，2005年10月31日公布为上海市优秀历史建筑。

孔祥熙像

孔祥熙（1880—1967），字庸之，号子渊。孔祥熙自称是孔子第七十五代裔孙，1880年出生于山西太谷，字庸之，号子渊。孔祥熙三岁丧母，从小随父亲长大。据说他童年时体弱多病，后来被一家美国的教会医院收治，从此他们父子均信奉基督教，成为基督教的忠实信徒。1901年，孔祥熙前往美国欧柏林大学主修理化课程，两年后又兼习社会科学。1905年考入耶鲁大学，两年后获经济学硕士学位。孔祥熙在美国期间拜会孙中山，加入同盟会。西安事变时，力主和平解决。抗日战争期间，一度出任行政院长，长期担任财政部长。用蒋介石的话说，孔祥熙在抗日战争期间为中国军队组织数十次重大战役筹措了经费，相当不容易，也确实难为了孔祥熙。1947年，以宋霭龄病重为由赴美国定居。1962年后，曾赴台湾暂住。1967年，病逝于美国纽约。

孔祥熙旧居孔祥熙在上海有多处旧居。一处位于虹口区多伦路250号，四川北路、多伦路转角处，建于1924年，占地面积1082平方米，建筑面积637平方米，砖木结构二层，西班牙、伊斯兰式花园住宅。曾被孔祥熙称赞为沪上三处豪居之一，俗称"孔公馆"。1989年9月25日公布为上海市文物保护单位。孔祥熙在上海另一处旧居位于永嘉路383号（原西爱咸斯路383号），为孔祥熙与宋霭龄婚后筑起的爱巢。该住宅建于1926年，为英国乡村式建筑风格的花园

孔祥熙公馆（多伦路250号）

孔祥熙旧居（东平路永嘉路 383 号）

住宅。原占地为9600平方米，大部分是花园。主建筑位于花园的北侧近永嘉路处，坐北朝南，面临花园，建筑占地约600平方米，假三层砖木石混合结构，分主楼和副楼。主楼正立面朝南，面向大片的草坪，中轴线的两侧成对称，中轴线处底层设计为凸出的半圆廊，以组合柱支撑，廊的上方则为半圆的阳台，阳台与设在二楼正中的主卧室相接，屋顶为传统的英国双坡顶，在中轴线的屋顶处设计为"老虎窗"，南端设计一小阳台，里端是孩子们的卧室。整

幢建筑的外观红砖粉墙，色彩对比合理，视角上形成一种轻快的感觉。20世纪三四十年代孔祥熙主要居住在这里。1948年孔祥熙到美国定居。1949年后，孔祥熙在大陆的产业作为官僚资本被政府没收，该住宅由上海市房地产局接管。1976年调拨给上海电影译制片厂使用，该厂在住宅南部的空地建造了录音棚、工作楼，但原建筑仍保存至今。《佐罗》《悲惨世界》《铁面人》《尼罗河上的惨案》等众多优秀的译制片在这里诞生。现为上海市文化市场行政执法

孔祥熙旧居（东平路 7 号）

总队使用。1999年9月28日上海市人民政府公布为上海市优秀历史建筑。2003年8月18日徐汇区文化局公布为徐汇区登记不可移动文物。2008年12月4日公布为徐汇区文物保护单位。孔祥熙在上海还有一处旧居位于东平路7号，建于1935年，旧居砖木结构假三层，建筑面积609平方米。平面略呈方形，正立面为由三座大拱券构成的柱廊，券底饰逐层内凹线条。中间拱券为入口，有附墙阶梯从两侧进入门厅。二层有阳台。外廊、阶梯、阳台皆设宝瓶栏杆。方形门窗，窗框、隅角皆用红砖砌筑。复折式灰瓦屋顶开棚式老虎窗。2007年8月2日公布为徐汇区文物保护单位。

张学良像

张学良旧居局部（皋兰路1号）

张学良（1901—2001），字汉卿，号毅庵，曾用名李毅，出生于辽宁省台安县。国民革命军将领，奉系军阀首领张作霖的长子，中国近代著名爱国将领。1920年毕业于东三省陆军讲武堂，先于奉系军中担任要职，"皇姑屯事件"之后，继任为东北保安军总司令，拒绝日本人的拉拢，坚持"东北易帜"。后任中华民国陆海空军副司令，陆军一级上将。西安事变后遭蒋介石父子长期软禁。1990年恢复人身自由，1995年起离台侨居美国夏威夷，2001年10月14日病逝于檀香山，享年101岁。赵一荻（1912—2000），原籍浙东兰溪。人称赵四小姐。陪伴张学良72年，是中国现代史上的一位颇具神秘色彩的女性，在台湾幽居时期，出版有《好消息》《新生命》《真自由》《大使命》《毅荻见证集》等著作。

张学良旧居位于黄浦区（原卢湾区）皋兰路1号，西班牙式三层的花园洋房，毗邻复兴公园。主楼约800平方米，楼前大花园约1000平方米，现名荻苑。解放后，曾是卢湾区工商联和区民主建国会办公处，1992年和1994年大修，现为上海市房地产管理局迎宾馆，厅室分别取名敬学厅、慕良厅、忆卿厅、少帅厅，壁上挂了张学良、赵一荻照片及张学良手迹。1999年9月23日公布为上海市优秀历史建筑。2004年2月10日公布为卢湾区登记不可移动文物。

张学良旧居全景（皋兰路 1 号）

顾维钧像

顾维钧（1888—1985），字少川。上海市嘉定区人。幼年就读于本乡私塾。1900年，考入基督教圣公会主办的圣约翰大学。1904年就读美国纽约市柯克农学院，翌年转哥伦比亚大学，学国际法、外交学。1908年毕业，留哥大读政治科学研究生。1912年，获哲学博士学位。同年5月，回国任北京政府国务院秘书兼外交部秘书。1921年10月，出席华盛顿九国公约会议，代表中国政府与日本国签订"解决山东悬案问题条约"及"附约"，为收复山东权利、赎回胶济路创造了条件。1924年5月，与苏联代表加拉罕签署"中俄解决悬案协定"十五条，恢复中苏邦交。1931年，任国民政府外交部长。七七卢沟桥事变后，任国联的中国首席代表及第九十六届国联理事会主席。同年11月，代表中国参加在布鲁塞尔召开的华盛顿条约会议，在九国公约会议上再次揭露日本在华侵略事实，并要求国联采取行动，制止日本的侵略行为。1941年，任驻英大使。1945年3月，代表中国出席在旧金山召开的联合国国际组织会议，参与起草《联合国宪章》。1946年，任驻美大使。1967年，任国际法庭副庭长期满后，定居美国纽约。离任时，获终身国际法官的荣誉称号。1968年，应哥伦比亚大学东亚研究所之请，编写口述《顾维钧回忆录》。1985年11月14日，在纽约曼克顿寓所因心脏衰竭逝世，享年98岁。

顾维钧旧居（厚德堂，嘉定区西大街9496号，张建华摄）

顾维钧旧居（厚德堂）位于嘉定镇西大街9496号，由清末民初交通银行总裁顾晴川所建。坐北朝南，建筑面积约300余平方米。有三十余间房屋，砖木结构二层楼，平房与楼房相间，街南一开间，二进深，街北五开间，三进深，举架被后加的吊顶遮盖。硬山式，小青瓦顶。正面重檐，两稍间外设木楼梯。厚德堂内有水桥、水井，除临街平房被改造为楼房外，其余基本保持原状。门前是用砖铺出的清钱币形状，既象征了主人的身份，又似寓意"外圆内方"。这里不仅藏有关于顾维钧的各种中外书籍，还有大量顾维钧使用过的实物，他获得过的各种荣誉证书和批注的文件，他收藏的纪念品，他的大量照片。现在有关顾维钧的展品都移置到了位于嘉定城中心的法华塔院内的顾维钧纪念馆，内有顾维钧生平照片，收藏的奖章、委任状、礼服等，日记原稿等。2003年11月17日公布为嘉定区登记不可移动文物。

蒋经国像

蒋经国旧居（淮海中路 1610 弄 2 号）

蒋经国（1910—1988），字建丰。浙江奉化人。为蒋介石原配妻子毛福梅所生。1922年到上海读书1925年积极参加五卅运动，受吴稚晖启发，同年10月前往苏联莫斯科中山大学学习。1927年莫斯科中山大学毕业，其间曾加入苏联共产党。1937年3月25日，抗日战争爆发前夕，蒋经国携妻带子回国。1937年上海沦陷后，蒋经国先在南昌做些一般的工作，1938年，被任命为赣县县长。

1939年后，他曾经历任江西第四行政区督察专员、区保安司令、防空司令、防护团长、三民主义青年团江西支团部主任、江西省政府委员等职。战时的赣南，烟赌娼盛行，土匪恶霸作乱，宗族间的械斗经年不息。蒋经国到任后，迅速出台"三禁一清"政策，禁烟、禁赌、禁娼，肃清土匪，全面出击。蒋经国在赣南走马上任后，脚穿草鞋遍访赣南11县的每个角落。1940年11月，第四区扩大行政会议制定了《建设新赣南第一次三年计划》，蒋经国经过三年努力，在赣南实现人人有工做、人人有饭吃、人人有衣穿、人人有屋住、人人有书读的"五有"目标。1945年春天，蒋经国跟随当时国民党政府的行政院长宋子文赴苏联谈判，签订了《中苏友好同盟条约》。抗日战争胜利以后，蒋经国任东北行营外交特派员。此后，他一直控制三青团，成为国民党一个派系的首脑，是蒋介石的得力助手。1948年金圆券改革，到上海进行经济管制。1950年7月蒋经国担任国民党中央改造委员，进入党内决策核心。1972年出任台湾地区政府首脑，1975年起任中国国民党中央委员会主席兼中央常务委员会

蒋经国旧居（淮海中路 1610 弄 2 号）

主席。1978年起先后担任台湾地区第六任、第七任政府首脑。1988年因糖尿病引发多重器官衰竭，病逝于台北荣民总医院。

　　蒋经国旧居位于徐汇区淮海中路1610弄（逸村）2号。逸村在淮海中路1610弄1-8号，是一组3层西班牙式住宅，共有8幢，1942年建成，总建筑占地4893.36平方米，建筑面积4267平方米。蒋经国住在2号，坐北朝南，外形优美，线条流畅，门厅设计构思巧妙、精致紧凑，主檐口装饰考究。二楼朝南设置敞廊和阳台。外墙里面简洁，用白色涂料粉饰，但窗框形状变化多样，门窗边栅采用绞丝花纹，栏杆用扭铁花栅。房屋后面是辅助用房、汽车库等。底层客厅布置非常简单，除了悬挂蒋介石的全身像外，一张长长的桌子，几条圆凳，几只半新不旧的沙发。一楼靠东侧的一间是随从人员的办公室，厨房和餐厅在底层的后部，中部是楼梯间。二楼是卧室和书房，西侧一间是办公室。三楼是随从们的起居室和贮藏间。房屋前有一座小花园。主楼入口平台旁有两座蹲式黑色狼狗雕塑。房屋前面围墙边种植了高达的法国梧桐和名贵的香樟树，还有黄杨、龙柏、广玉兰等。蒋经国担任上海经济区管制督导专员后住在这里。上海解放后，改为中国大百科全书上海分社职工家属宿舍。1994年被列为上海市近代优秀建筑保护单位。1996年，遵照保护优秀近代建筑的原则，按原样重新修缮装饰。1997年春一名台商购买作为私宅。1994年2月15日公布为上海市优秀历史建筑。2003年8月18日，公布为徐汇区登记不可移动文物保护单位。

抗战将领在上海的纪念地

1

抗战将领与纪念地

上海淞沪抗战纪念公园（宝山区友谊路 1 号）

张自忠像

自忠路

张自忠（1891—1940），字荩臣，山东省聊城市临清人。抗日战争时期任第五战区右翼集团军兼第三十三集团军总司令，中国国民党上将衔陆军中将，追授二级上将衔，著名抗日将领、民族英雄。1937年至1940年先后参与临沂向城战斗、徐州会战、武汉会战、随枣会战、枣宜会战等。1940年在襄阳与日军战斗中，不幸牺牲。

自忠路是上海黄浦区的一条路名，因纪念抗日将领张自忠而命名。位于黄浦区（原卢湾区）西南部，东起西藏南路，西至重庆南路。长1045米，宽12.2—20.0米，车行道宽7.0—10.5米。清光绪二十七年（1901）筑，以四川地名命名雅砻江路。光绪三十二年改名葛罗路（Rue Baron Gross）。民国二年（1913）顺昌路以东段以法公董局总董名命名白尔路（Rue Eugene Bard）；西段名西门路。民国三十五年全路以抗日战争中牺牲的将领张自忠名改名自忠路。1963年改名西门路。1985年复名自忠路。

自忠路

戴安澜像

安澜路

戴安澜（1904—1942），国军名将，黄埔系骨干之一。原名戴炳阳、字衍功，安徽省无为县人。1926年黄埔军校三期毕业。抗日战争时期，曾血战古北口，后立下台儿庄战役部分战功（火攻陶墩/智取朱庄/激战郭里集）、击败瑞阳公路日军第九师团主力（属武汉会战）、击退艾山阵地日军进攻（属徐州会战）、攻克昆仑关，击毙中村正雄少将（属昆仑关战役）等战功，因昆仑关一役获得蒋中正"当代之标准青年将领"之赞誉。是二战中第一位获得美国勋章的中国军人。1942年，率第二百师作为中国远征军的先头部队赴缅参战。取得同古会战（歼敌五千余，而日军兵力四倍于戴部）等战功。1942年5月18日在郎科地区指挥突围战斗中负重伤，26日下午5时40分在缅北茅邦村殉国。新中国成立后，他被追认为革命烈士。

安澜路是上海黄浦区的一条路名，因纪念抗日将领戴安澜而命名。位于黄浦区（原南市区）西南部，东起中华路，西至西藏南路。长235米，宽约12.5米，车行道宽6.4米，面积2583.2平方米。抗日战争胜利后全路以抗日战争中牺牲的将领戴安澜名改名安澜路。

安澜路

谢晋元塑像（四行仓库纪念馆内）

谢晋元（1905—1941），字中民，广东蕉岭人。谢晋元毕业于黄埔军校第四期，历任排长、连长、营长、副团长、师参谋、旅参谋主任等。民国抗日将领，淞沪会战中以"八百壮士"死守上海四行仓库，鼓舞了人民的抗战热情，后为叛徒刺杀身亡。谢晋元遇害的消息传出后，举国震惊。5月8日，国民政府通令嘉奖，追赠为陆军少将。上海三十万民众前往"孤军营"吊唁，瞻仰遗容。毛泽东高度赞誉"八百壮士"为"民族革命典型"。蒋中正誉其"精忠贯日"。

新中国成立后，上海建立晋元高级中学、晋元公园，并以晋元路命名道路，以晋元里命名小区作为纪念。"文化大革命"期间，红卫兵毁谢晋元坟墓，20世纪80年代政府在万国公墓重建其墓，以彰其"参加抗日，为国捐躯"的光辉业绩。2014年9月1日列入民政部公布的第一批三百名著名抗日英烈和英雄群体名录。

晋元路是上海静安区（原闸北区）的一条路名，因纪念抗日将领谢晋元而命名。位于在闸北区南部，南起光复路，北至天目中路。长665米，宽10.0—14.0米，车行道宽8.0—9.2米。民国三至四年（1914—1915）筑，名满州路。民国三十六年以抗日将领谢晋元名改名晋元路。1964年改名晋源路。1985年复名晋元路。

四行仓库旧址（光复路1号）

　　2015年8月13日，当年谢晋元在八一三淞沪抗战期间，坚守四行仓库保卫战的旧址基础上改造的四行仓库纪念馆正式开放。1937年10月26日至11月1日，奉命据守负责掩护主力撤退的中国守军第88师下属某团中校团副谢晋元带领第1营的"八百壮士"，在四行仓库奋勇杀敌，打退日军10多次疯狂进攻，击毙日军200余名，沉重地打击了日本侵略者的嚣张气焰。四行仓库纪念馆的建立，将上海重要的抗日战争遗址保留下来，既见证了当时海陆空三军抗击日本侵略的勇气和决心，同时也是教育后人铭记历史的鲜活教材。

姚子青像

姚 子青（1908—1937）字若振，号中琪，广东平远县人。1926年10月，考入黄埔陆军军官学校第六期入伍生总队，1927年7月升入第二总队步三队军官生。1929年2月第六期步科毕业，分配至国民革命军第五十二师任上尉连长，1934年任该师少校团附。1935年改任营长，1936年升任陆军第九十八师第二九二旅第五八三团第三营中校营长。1937年8月31日至9月7日奉命坚守宝山城，与日军浴血奋战六昼夜，经过激烈的巷战肉搏战，终因敌众我寡，姚子青和全营官兵壮烈殉国。消息传出，震惊中外。国民政府军事委员会命令追授姚子青为陆军少将。宝山保卫

姚子青营抗日牺牲处（宝山区友谊路1号，谭雪明摄）

战历时七天，日军动用陆、海、空力量，付出惨重的代价方才占领。姚子青和第三营官兵血战宝山、与城偕亡的壮举，惊天地、泣鬼神，对中华民族之魂和抗战精神作了最好诠释。连凶暴的日本人也被中国勇士的精神折服，日军进城后将死者尸体收殓掩埋，并列队鸣枪致敬。后人作诗歌颂姚营壮烈：五百健儿齐殉国，中华何止一田横。毛泽东赞扬姚子青等烈士是全国人民"崇高伟大的模范"。1983年，中华人民共和国民政部追认姚子青将军为革命烈士。2014年9月1日，列入民政部公布的第一批三百名著名抗日英烈和英雄群体名录。

1992年6月1日，姚子青营抗日牺牲处被公布为上海市纪念地点，位于上海市宝山区友谊路1号临江公园内宝山城墙遗址处。1996年8月13日立"姚子青营抗日牺牲处"纪念碑，碑石是灵岩山自然石，宽5米，高3米，厚1米，重26吨。左下方亦有1米见方的灵岩山自然石，上刻碑文。此外，在姚子青抗日牺牲的宝山城，以子青路命名道路作为纪念。

宝山区子青路（谭雪明摄）

抗日军人奋勇杀敌

2

抗战将领在
上海的故旧居

抗战将领旧居群（思南路 89 号、91 号）

陈毅像

陈毅旧居近景（余庆路190号）

陈毅（1901—1972），四川乐至人。中国人民解放军的创建者和领导者之一，抗日战争时期历任新四军第一支队司令员、江南指挥部指挥、苏北指挥部指挥、华中总指挥部代理总指挥。1941年皖南事变后任新四军代军长，新四军军长兼山东军区司令员。新中国成立后，陈毅为中华人民共和国十大元帅之一，党和国家的卓越领导人，中共中央军委副主席，第一至三届国防委员会副主席，全国政协第三、四届副主席。中共第七、九届中央委员、第八届中央政治局委员。"文革"期间，与"四人帮"斗争，被诬陷为"二月逆流"。1968年下放石家庄。1972年去世。1977年，遗作《陈毅诗词选集》出版。

陈毅旧居位于余庆路190号，建于1936年，现代建筑风格的花园住宅，主楼三层，附楼原二层。主楼入口处采用柱子架空，形成入口门廊。建筑形体简洁，外立面无过多装饰，基本呈现现代建筑风格。柱身的几何装饰图案及室内楼梯铸铁几何花式栏杆，则体现了装饰艺术派的影响。原上海市市长陈毅和柯庆施都曾在此居住过，现由市委机关幼儿园使用。1999年9月23日公布为上海市优秀历史建筑。

陈毅旧居远景（余庆路 190 号）

程潜像

程潜（1882—1968），字颂云，湖南醴陵人。清末秀才。同盟会会员。日本陆军士官学校第六期毕业。国民革命军一级上将。曾任湘军都督府参谋长、非常大总统府陆军总长，广东大本营军政部部长。1931年"九一八"事变后任陆军二级上将、总参谋长。1937年全面抗战爆发后，指挥平汉路抗日，1938年起任第一战区司令长官，曾指挥兰封会战等大战役。1949年8月，在长沙宣布起义，同年9月出席中国人民政治协商会议第一届全体会议。中华人民共和国成立后，任中央人民政府委员，全国人民代表大会常务委员会副委员长、国防委员会副主席，湖南省省长、中国国民党革命委员会副主席等职。

程潜旧居位于思南路89号，原为马斯南路123号。建筑为欧洲近代独立式花园住宅，义品洋行于1921年开发建造，奥拉莱斯设计。四层砖混结构。1994年2月15日公布为上海市优秀历史建筑。

程潜旧居（思南路89号）

李烈钧像

李 **烈钧**（1882—1946），原名烈训，又名协和，字侠如，号侠黄，江西九江人。陆军二级上将。1931年"九一八"事变后，一再致电蒋介石，主张对日抗战，并将五个儿子都送去参军，奔走南北，呼吁团结抗战。

李烈钧旧居位于黄浦区（原卢湾区）思南路91号，原为马斯南路125号。建筑为欧洲近代独立式花园住宅，义品洋行于1921年开发建造，奥拉莱斯设计。四层砖混结构。1994年2月15日公布为上海市优秀历史建筑。

李烈钧旧居（思南路91号）

朱绍良像

朱绍良（1891—1963），原名宝瑛，字一民，江苏武进人。陆军一级上将。早年参加中国同盟会，参加武昌起义。1937年全面抗战爆发，率部参加"八一三"淞沪会战，任中央军总司令兼第九集团军总司令。1939年任第八战区司令长官。赴台后，任战略顾问委员会战略顾问等职。1963年12月25日病逝。

朱绍良旧居位于黄浦区（原卢湾区）思南路58号，原马斯南路86号。建筑为近代独立式花园住宅，假三层砖混结构。2005年10月31日公布为上海市优秀历史建筑。

朱绍良旧居（思南路58号）

张治中像

张治中（1890—1969），原名本尧，字文白，安徽巢湖人。陆军二级上将。中国国民党革命委员会领导人之一。1911年辛亥革命爆发时，张治中在扬州参加反清起义。1932年"一·二八"淞沪抗战时，第五军军长张治中主动请缨的，在临上前线之夜，写下遗书道：我必以誓死的决心，为保卫祖国而战。其师旅长们也表示："誓死与我第十九路军亲爱将士，喋血沙场，共同生死。"1937年全面抗战爆发后，任第九集团军总司令兼左翼军总司令，参加上海"八一三"淞沪会战。1941年皖南事变后向蒋介石上书，主张继续国共合作，共同抗日。1945年，调任国民党军事委员会政治部部长兼三民主义青年团书记；1949年，致电陶峙岳将军和新疆包尔汉主席，促成新疆和平解放；解放战争期间坚持国共两党和平共处，被称为"和平将军"。1969年在北京病逝。著有《张治中回忆录》等。

张治中旧居（兆丰别墅）位于长宁区长宁路712弄77号。1999年9月23日公布为上海市优秀历史建筑。

张治中旧居（长宁路712弄77号）

张治中旧居（长宁路 712 弄 77 号）

汤恩伯像

汤恩伯（1900—1954），名克勤，字恩伯，浙江武义人，陆军上将。1920年入援闽浙军讲武堂，毕业后任浙军第一师排长，1925年入日本陆军士官学校，1927年投靠蒋介石，成为蒋介石的嫡系。1937年卢沟桥事变爆发后，他指挥部队在南口地区抗击日军进攻，重创敌军。翌年3月率部参加台儿庄会战。1942年任第一战区副司令官兼鲁苏皖豫边区总司令。1947年春兼任第一兵团司令，率部参加对山东解放区的重点进攻，5月所部整编第七十四师被解放军全歼。1949年1月任宁杭沪警备总司令，奉蒋介石之命凭借长江天险固守宁沪杭地区。所部在渡江战役、上海战役中被歼，残部溃退厦门。10月由金门去台湾，任战略顾问委员会战略顾问等职。1954年6月29日病逝。

汤恩伯在上海住处有多处。一处位于虹口区四川北路2023弄35号，由广东籍商人于20世纪20年代建造，占地面积642平方米，建筑面积966平方米。砖混结构二层，欧洲独立式花园住宅，仿文艺复兴式样，俗称"汤公馆"。2004年1月13日公布为虹口区文物保护单位；2005年10月31日公布为上海市优秀历史建筑。另一处位于徐汇区长乐路1221号，2003年8月18日公布为徐汇区登记不可移动文物。还有一处位于徐汇区太原路200号（该住宅也是周佛海旧居），2008年12月10日公布为徐汇区登记不可移动文物。

汤恩伯旧居（四川北路 2023 弄 35 号）

汤恩伯旧居（长乐路 1221 号）

汤恩伯旧居（太原路 200 号）

白崇禧像

白崇禧（1893—1966），字健生，广西临桂县人。陆军一级上将。新桂系中心人物，与李宗仁合称"李白"，两人一同加入孙中山在广州的革命阵营，又联手驱逐广西的旧军阀。北伐战争时，率广西军队攻至山海关。北伐成功后，和蒋介石及其它地方势力多次开战。1937年7月抗日战争爆发，白崇禧任国军副参谋总长兼军训部长。八年抗战期间，白崇禧和李宗仁指挥了台儿庄会战，取得在抗战中的正面战场首次大胜。1938年6月，白崇禧指挥武汉会战。1940年2月，白崇禧指挥桂南会战，在昆仑关战役两度重挫日军。抗战胜利后，担任中华民国国防部长。中国共产党解放中国大陆后，往台湾，于1966年在台北病逝。

白崇禧旧居位于虹口区多伦路210号，欧洲独立式花园住宅，砖混结构二层，法国新古典主义样式，占地面积638平方米，建筑面积967平方米。又称"白公馆"。今为海军四一一医院管辖。2004年1月13日公布为虹口区文物保护单位；2005年10月31日公布为上海市优秀历史建筑。白崇禧在上海另一处旧居位于徐汇区汾阳路150号，法国文艺复兴鼎盛期建筑风格的小洋楼，建于1930年左右。习称"小白宫"。解放后为上海中国画院使用，20世纪60年代又由越剧院学馆使用，80年代后期越友酒家。2003年8月18日公布为徐汇区登记不可移动文物保护单位。

白崇禧旧居（多伦路210号）

白崇禧旧居〔汾阳路 150 号〕

何应钦像

何应钦（1890—1987），字敬之，贵州兴义人，陆军一级上将，黄埔系仅次于蒋介石的第二号人物。参加过辛亥革命和北伐战争。抗日战争时期，任第四战区司令长官、中国远征军总司令、中国战区中国陆军总司令。1946年6月任中国驻联合国安理会军事参谋团中国代表团团长。1987年10月病逝于台北。

何应钦旧居位于徐汇区淮海中路1634号，建于1930年，是一幢独立式花园住宅。抗战胜利后，何应钦来上海时就居住在这幢楼里。前两间是办公室、客厅，后间是卧室，另一侧是餐厅，厨房搭在辅助用房处。房屋保存较好，现为上海科技情报所。2003年8月18日公布为徐汇区登记不可移动文物。

何应钦旧居近景（淮海中路1634号）

何应钦旧居远景（淮海中路 1634 号）

郑洞国像

郑洞国（1903—1991），湖南石门人，京沪卫戍总司令，为最早参加抗战的国民党将领之一。"五四"运动以后，郑洞国毅然投笔从戎，1924年考取黄埔军校第一期。1925年毕业后，参加了东征和北伐。八年抗战时期，郑洞国先后参加了徐州会战、武汉会战、广西昆仑关战役、鄂西会战、中国驻印度反攻缅北战役等重大战役，是国民党军中的抗日名将。1948年10月在长春起义。新中国成立后，郑洞国历任水利部参事，国防委员会委员，全国政协常委，民革中央副主席和黄埔同学会副会长等职。

郑洞国旧居位于徐汇区武康路274号，砖混结构的现代派建筑，二层局部带有装饰艺术派风格。建于20世纪20年代晚期，有南北花园。1950至1952年，郑洞国居住于此。现有多户居民合用。2009年11月24日公布为徐汇区登记不可移动文物。

郑洞国旧居（铭牌）

郑洞国旧居（武康路 274 号）

张发奎像

张发奎旧居（五原路 212 弄 7 号）

张发奎（1896—1980），字向华，广东韶关人。陆军二级上将。早年参加中国同盟会。1925年冬任国民革命军第四军第12师师长，次年参加北伐战争，在攻占汀泗桥、武昌城等作战中，因有战功升任被誉为铁军的第四军军长。抗日战争期间，先后任集团军总司令、兵团总司令、战区司令长官、方面军司令官等职，率部参加过淞沪、武汉、昆仑关等战役。抗战胜利后，任广州行营（后改行辕）主任，1947年改任总统府战略顾问委员会委员。1949年3月任陆军总司令，7月辞职，去香港定居。张发奎旧居位于徐汇区五原路212弄7号。

"八一三"淞沪抗战期间，张发奎在现奉贤区南桥镇新建中路558号天主堂设立抗日第八集团军司令部。这是一幢西洋建筑风格的楼房，五上五下，共416平方米，1924年建造，为教堂的若瑟书院。1933年因书院学生增加，造新校舍两座，计24间。张发奎将国民革命军第八集团军司令部设在这幢楼，指挥浦东地区的抗日战争。在这幢楼里张发奎接待过郭沫若、夏衍等文化名人，组建战地服务队，宣传抗战。2000年5月11日公布为奉贤县文物保护单位，2011年7月23日公布为奉贤区文物保护单位。

抗日第八集团军司令部旧址（奉贤区南桥镇新建中路 558 号，丁惠义摄）

抗日第八集团军司令部旧址（石碑，丁惠义摄）

陈诚像

陈诚（1898—1965），浙江丽水人。陆军一级上将，历任国民党副总裁，台湾省政府主席，台湾当局"行政院院长"，台湾当局"副总统"等职。1937年"八一三"淞沪抗战爆发，陈诚任第三战区前敌总指挥、第十五集团军司令，死守昆山一线，多次组织指挥大会战。此后，先后组织南京保卫战、武汉会战、长沙会战等，1943年任中国远征军司令长官，同年5月，离滇返鄂，指挥对日作战，取得鄂西大捷。1963年12月，因病辞去一切职务，1965年3月5日，因肝癌去世台北，终年67岁。

陈诚旧居位于徐汇区淮海中路1726号。该旧居现为致真会所。

陈诚旧居（淮海中路 1726 号）

王耀武像

王耀武（1904—1968），字佐民，山东泰安人。抗日战争名将，中国国民党高级将领。八年抗战时期，王耀武先后参加了淞沪抗战、南京保卫战、兰封会战、万家岭战役、第一次长沙会战、上高会战、浙赣会战、鄂西战役、常德会战、雪峰山战役等，几乎是无役不予，而且战绩颇佳。王耀武精明强干、头脑清晰，被中共高级将领称为国民党内少有的几个明白人之一。1945年8月任长沙衡州地区受降长官。1946年后指挥国民党七十三军、五十四军、新八军等向解放区沂蒙根据地大举进攻。1948年9月，解放军陈粟大军和许世友部队东西夹击，济南被攻克后，王耀武率兵北突，在寿光被俘。建国后，作为战犯被押，改造期间写下许多揭露蒋军内幕的回忆录。1959年，被人民政府特赦，1964年12月特邀为第四届全国政协委员，定居北京。1968年病逝。

王耀武旧居位于徐汇区建国西路629号，现为上海市市立幼儿园。

王耀武旧居（建国西路629号）

冯治安像

冯治安旧居全景（愚园路 532 弄 55 号）

冯治安（1896—1954），河北故城人。自幼贫苦，少年从军，投身于冯玉祥将军麾下。历任国民革命军二十九军三十七师师长、国民革命军七十七军军长、国民革命军三十三集团军总司令等职。1937年日军在北平卢沟桥悍然发动了"七七"事变，时任国民革命军二十九军三十七师师长兼河北省政府主席的冯治安，毅然指挥其三十七师与日军展开了英勇不屈的战斗，拉开了中国全面抗日的帷幕。1949年随国民党去台湾，任"中枢战略顾问"等职。1954年在台北病逝。

冯治安旧居位于愚园路532弄55号，建于1948年，为独幢花园洋房，坐北朝南，砖木结构假三层，占地面积661平方米。

文 化 名 人 在 上 海 的 故 旧 居

鲁迅塑像（鲁迅纪念馆内）

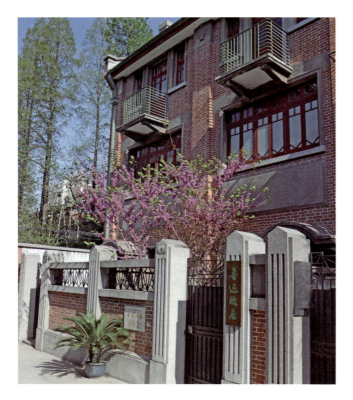

鲁迅大陆新村故居（山阴路 132 弄 9 号）

鲁迅（1881—1936），原名周树人，浙江绍兴人。1902年被官派赴日留学，先入东京弘文学院习日语，后入仙台医学专门学校习医。1906年，弃医从文，参与筹办文艺杂志《新生》。辛亥革命前夜回国，先后在浙江两级师范学堂、绍兴府中学堂、山会初级师范学堂执教。1912年初，应蔡元培之邀，赴南京临时政府教育部任职，不久随教育部迁至北京，任社会教育司第一科科长。同时先后受聘于北京大学、北京高等师范学校、北京女子高等师范学校等，任校外兼职讲师。俄国十月革命胜利后，与李大钊、陈独秀等先进知识分子一起，写文章，办杂志，揭开了中国新文化运动的序幕。1918年，发表中国现代文学史上第一篇白话小说《狂人日记》。此后，创作《孔乙己》《药》《阿Q正传》等，成为五四新文化运动的先驱和中国现代文学的奠基人。抗日救亡运动期间，参加和领导中国左翼作家联盟、中国自由运动大同盟和中国民权保障同盟等革命社团，主编《前哨》《奔流》《萌芽月刊》等刊物，撰写数百篇杂文。1936年10月19日，鲁迅在上海大陆新村寓所逝世。

鲁迅故居位于虹口区山阴路132弄（原施高塔路大陆新村）9号，1931年建成，由大陆银行投资，占地面积80.04平方米，建筑面积222.72平方米。1933年4月11日，鲁迅携妻儿迁入此处，这是鲁迅

鲁迅景云里 23 号旧居

室兼书斋，西墙镜台上陈列着外国版画。一幅周海婴出生时的油画像挂在山墙的五斗橱上端。南窗糊着彩色玻璃纸，壁上的日历是民国二十五年（1936）10月19日，镜台上的闹钟指针停在凌晨5时25分，显示着鲁迅逝世的日期和时间。三楼前间有阳台，是海婴与保姆的卧室。后间是客房，掩护过瞿秋白、冯雪峰等共产党人。1959年5月26日公布为上海市文物保护单位。

鲁迅在虹口区横浜路35弄（景云里）还有多处旧居。景云里有三排坐北朝南，砖木结构的石库门三层楼房。这里是当年文化人聚集的地方，鲁迅曾在这里生活两年零七个月。1927年10月8日，刚到上海5天的鲁迅和许广平便从共和旅馆迁居景云里23号。由于住所周围不安宁，1928年9月9日，鲁迅就移居到18号和周建人一家同住。不久，隔壁17号有了空房，因鲁迅喜欢住房朝南又兼朝东，于是又在1929年2月迁入17号。同年9月底，鲁迅之子周海婴出生。虽然近一个世纪过去了，如今弄堂口的"景云里"三字仍清晰可见，鲁迅住过的三幢房子犹如当年。

1930年5月12日，鲁迅携许广平和儿子周海婴从景云里搬到四川北路2093号（拉摩斯公寓）三楼四室居住。1932年淞沪抗战爆发后，鲁迅出于安全上的考虑迁出拉摩斯公寓，搬入大陆新村9号。2014年1月13号虹口区人民政府公布拉摩斯公寓为虹口区文物保护单位。

在上海最后的寓所。山阴路132弄靠街的墙上，有郭沫若题的"鲁迅故居"四个大字。故居按鲁迅居住时的情景复原。屋前小花圃种植桃树、紫荆、石榴等花木。底层前间是客厅，沿西墙放书橱和瞿秋白留赠的书桌。后间是餐室，东墙放着西式衣架帽架。二楼前间是鲁迅的卧

鲁迅拉摩斯公寓旧居（四川北路 2093 号）

鲁迅存书室（溧阳路 1359 号）

  鲁迅在虹口区溧阳路1359号还有一处存书室，藏书中有瞿秋白文稿、柔石遗著等。为遮人耳目，鲁迅在门口挂"镰田诚一"名牌。鲁迅逝世后，许广平将存书室的藏书交北京鲁迅故居保存。1977年12月7日，被上海市人民政府公布为上海市文物保护单位；2002年4月27日上海市人民政府公布为上海市革命纪念地点。2014年4月4日调整为上海市文物保护单位。

  1936年10月19号鲁迅与世长辞，10月22日下午上海广大民众公葬鲁迅遗体于上海西郊万国公墓。新中国成立后，在党和政府的关心下，1956年10月鲁迅逝世20周年之际，鲁迅墓由万国公墓迁置虹口公园（现鲁迅公园）内。新建的鲁迅墓座落于公园的西北隅，建筑面积为1600平方米，整个墓地用苏州金山花岗石建成，中间草地中央矗立着一座高2.10米的鲁迅塑像。方型大平台前是一座具有民族风格的照壁式大墓碑，墓碑中央为毛泽东题字"鲁迅先生之墓"，墓碑下面安放鲁迅灵柩的墓椁。1961年3月国务院颁布鲁迅墓为全国重点文物保护单位。

鲁迅墓（四川北路 2288 号，鲁迅公园内）

上海鲁迅纪念馆位于鲁迅公园内，是新中国建立后第一个名人纪念馆，同时管理鲁迅墓和鲁迅故居两个文物保护单位。该馆初建于大陆新村10号（9号为鲁迅故居），1951年1月7号正式开放，周恩来提写馆名。1998年扩建新馆于鲁迅公园内，1999年9月25号竣工开放。

新馆占地4212平方米，建筑面积5043平方米。一层建有文化名人专库"朝华文库"、学术报告厅"树人堂"、专题展厅"奔流艺苑"等，二层为鲁迅生平陈列厅。

鲁迅纪念馆（四川北路 2288 号，鲁迅公园内）

蔡元培（1868—1940），字鹤卿，号子民，浙江绍兴人。近代著名民主革命家、思想家、教育家。1892年中翰林，1894年补翰林院编修，任绍兴中西学堂监督，后弃官南下。1901年，任上海南洋公学特办总教习，提倡新学。1904年与陶成章等组织光复会，任会长。次年加入同盟会，任上海分部主盟员。1912年任南京临时政府教育总长，制定颁布了中国第一个资本主义性质的教育制度"壬子癸丑学制"。1917年起任北京大学校长，广纳天下贤才，鲁迅、钱玄同、沈尹默、刘半农、李大钊、陈独秀、胡适、刘师培、辜鸿铭、陈汉章等各路精英济济一堂，给北大添了新鲜的血液。提倡"思想自由，兼容并包"的办学方针，支持新文化运动，一时形成"百

蔡元培塑像（静安公园内）

蔡元培雕塑墙

蔡元培旧居正门（华山路 303 弄 16 号）

蔡元培旧居（华山路 303 弄 16 号）

家争鸣"局面，使北京大学成为新文化运动的重要阵地。1927年兼任上海交通大学校长，之后历任南京国民政府大学院院长、中央研究院院长、监察院长。"九一八"事变后，主张抗日，1932年与宋庆龄等发起组织中国民权保障同盟，任副主席。1935年为抗议国民政府虐杀进步人士，辞去一切官职。1940年病逝。

蔡元培在沪的最早寓所，是白克路（今凤阳路）登贤里，以后还曾在泥城桥福沅里、武定路鸿庆里、升平街

243号、极司菲尔路（今万航渡路）49号、静安寺路（今南京西路）1025弄54号、愚园路884号和海格路（今华山路）303弄16号寓居。其中，位于华山路303弄16号的蔡元培故居是一幢三层英式花园洋房，是蔡元培在上海的最后一处住所，占地2.22亩，建筑面积526平方米，高三层，南部是花园。一楼辟为故居陈列馆，陈设基本保持蔡元培先生生前的原样，陈列馆建筑面积210平方米，展览内容主要为蔡元培的生平和事业，同时还展示

蔡元培旧居陈列馆内景

他生前使用过的打字机、行李箱等文物。二层中间为客厅，东间的藏书室仍收藏着蔡元培生前的部分书籍和往来信件。1984年11月14日公布为上海市文物保护单位。

2002年初，静安区人民政府投资人民币八十万元，整体修复蔡元培故居，并收集整理了蔡元培生平资料，将故居底层辟为蔡元培故居陈列馆，供人们参观瞻仰。

史量才像

史量才（1880—1934），名家修，江苏南京人，杰出的商人、教育家和报业巨子，20世纪初中国最出色的报业经营者、上海报业大王。有名言："国有国格，报有报格，人有人格。"1908年任《时报》主笔。1912年，接办《申报》，任总经理。"九一八"事变后，《申报》成为抗日进步力量的喉舌。1932年"一·二八"淞沪抗战爆发后，上海资产阶级自发组织了"上海市民地方维持会"，公推《申报》总经理史量才为会长，该会实际上是上海民间上层领导抗日救亡斗争的决策机构，维持商业秩序、调剂金融、救济难民、联络军民、支援抗战。1934年10月，史量才因胃病复发，往杭州寓所秋水山庄疗养。11月13日傍晚，遭国民党特务暗杀。1936年春，安葬于风景秀丽的杭州西湖茅家埠天马山。章太炎撰"史君墓志铭"。

史量才故居位于松江泗泾镇江达北路11号，建于清代，占地面积954平方米，建筑面积800平方米。1924年，翻建改造成为中西合璧的走马楼。整个建筑具有民国时期特色。松江解放后，松江县政府曾设在泗泾史量才故居，后又作为泗泾区、镇政府驻地。2000

史量才故居（松江泗泾镇江达北路 11 号）

史量才旧居（铜仁路 257 号）

年6月，镇政府出资四十多万元，修复故居，挖掘、收集史量才史料，在旧居厅内陈列展出，卧室、书房内展出部分家用实物。2000年11月1日，公布为松江区文物保护单位。史量才另一旧居位于哈同路9号（今铜仁路257号），是一座幽静典雅的花园住宅，屋前有史量才亲手栽下的两棵槐树。该楼现为上海市人民政府外事办公室，2005年10月31日公布为上海市优秀历史建筑。2006年11月公布为静安区文物保护单位。2014年4月4日公布为上海市文物保护单位。

刘湛恩塑像（上海理工大学校园内）

刘湛恩旧居近景（军工路516号）

刘湛恩（1895—1938），湖北阳新人。1918年赴美留学，先后入芝加哥大学、哥伦比亚大学，获哲学博士学位。1928年起任上海沪江大学校长。在校内外各种讲坛上，疾呼救亡图存，并利用出国考察和参加国际会议等机会，在欧美各国和南洋各地揭露日本帝国主义侵略行径，号召侨胞支援国内的反侵略斗争。还邀请力主抗日的冯玉祥及陶行知、李公朴等爱国人士到校演讲，并参与声援东北义勇军等。积极从事抗日活动，被推为上海各界救亡协会主席和上海各大学抗日联合会负责人。日伪酝酿在南京组织傀儡政权，汉奸温宗尧妄图拉刘湛恩任伪"教育部长"，被严词拒绝。被日伪视为眼中钉，多次接到谩骂和威胁恫吓的电话和信件。1938年4月7日晨8时半，在静安寺路大华路（今南京西路南汇路）口，突遭日伪收买的暴徒狙击，当即牺牲，年仅43岁。

刘湛恩旧居位于杨浦区军工路516号（原沪江大学历史建筑群，现上海理工大学内）。2004年2月25日公布为杨浦区登记不可移动文物。2005年10月31日公布为上海市优秀历史建筑。2014年4月4日公布为上海市文物保护单位。

刘湛恩旧居全景（军工路 516 号，李国才摄）

杜重远像

杜重远寓所（铭牌）

杜重远（1897—1943），祖籍广东顺德，生于吉林怀德。1917年以官费生入东京高等工业学校专攻窑业。1923年夏回国，集资在奉天兴办启新窑业公司。曾任辽宁商务总会会长。"九一八"事变后积极投入抗日救亡运动，以记者身份在湘、鄂、川、赣、沪等地活动，鼓动民众抗日救国。参与筹办《生活日报》。1939年任新疆学院院长，后创办宣传新思想的刊物《光芒》。1943年遭军阀盛世才杀害。遗著有《杜重远文集》。

杜重远旧居位于徐汇区淮海中路1897号，文艺复兴时期建筑风格的花园洋房，占地4000多平方米，建筑面积1200多平方米。1933年3月25日，杜重远和夫人侯御之在此举行婚礼。1936年7月的一个晚上，张学良曾到此和杜重远密谈，杜重远向张学良分析了当时的抗日形势，明确指出，联合抗日是中国惟一的出路。国共两党合作前后，老宅门前车水马龙。旧居还曾掩护过爱国人士沈钧儒、邹韬奋、李公朴、高崇民等和中共地下党员潘汉年、孙达生、胡愈之等。此宅常有国民党高层及工商界巨头出入，如宋子文、宋子良、张嘉璈、熊式辉、杜月笙、黄金荣等。2005年10月31日公布为上海市优秀历史建筑。2006年12月4日公布为徐汇区文物保护单位。

杜重远旧居（淮海中路 1897 号）

陈望道塑像（复旦大学校园内）

陈望道（1891—1977），原名参一，笔名陈佛突、陈雪帆、南山、张华、一介、焦风、晓风、龙贡公等。浙江义乌人。1915年1月起，先后在东洋大学、早稻田大学、中央大学等校学习文学、哲学、法律等，阅读马克思主义书籍。1920年12月起，负责《新青年》编辑工作。1920年5月，与陈独秀等在上海组织马克思主义研究会，参与社会主义青年团筹建工作。同年春，翻译并出版《共产党宣言》第一个中文全译本。8月，加入上海共产主义小组。1937年6月，参加上海文化界救亡协会。1938年开始，提倡拉丁化新文字运动，发起成立"上海语文学会""上海语文教育学会"。1949年10月任复旦大学文学院院长、主任委员，1952年11月任复旦大学校长。1954年任第一届全国人民代表大会代表。1955年5月，任中国科学院哲学社会科学学部委员，上海市哲学社会科学联合会主席，并任第二、三、四届全国人大代表，第四届全国人大常委，第三、四届全国政协常委，上海市政协副主席，民盟中央副主席，民盟上海市主任委员等职。1961年后，任修订《辞海》总主编。陈望道在建立中国现代修辞学体系方面具有杰出的贡献。1977年逝世，享年86岁。

陈望道旧居位于杨浦区国福路51号复旦大学邯郸路校区，建筑外观呈地中海式风格，砖混结构，坐北朝南，占地面积150平方米，建筑面积300平方米。建于民国时期，原为私人住宅，后划归复旦大学。20世纪50年代，陈望道与夫人蔡葵教授入住。陈望道从1952年11月任复旦大学校长，直至1977年逝世，陈望道在复旦大学半个世纪，其中担任校长25年，是复旦大学任期最长的校长。2011年2月21日陈望道旧居公布为杨浦区登记不可移动文物。2014年4月4日公布为上海市文物保护单位。

陈望道故居全景（国福路 51 号，李国才摄）

陈望道故居近景（国福路 51 号，李国才摄）

周建人像

周
建人（1888—1984），初名松寿，乳名阿松，后改名建人，字乔峰，浙江绍兴人。笔名克士、高山、李正、孙鲠等，鲁迅三弟。（即《风筝》中的小弟）中国民主促进会创始人之一，现代著名社会活动家、生物学家、鲁迅研究专家和妇女解放运动的先驱者之一。1919年，周建人迁居北京，潜心研究生物学，并从事著译工作。1923年应瞿秋白邀请，在上海大学讲授进化论，在神州大学、上海暨南大学、安徽大学任教授。抗日战争时期，周建人拥护中国共产党的抗日民族统一战线主张，投入抗日救亡运动，同进步文化界人士一起，多次签名发表反对国民党投降政策的救亡宣言。他在上海和文化教育界爱国知识分子中组织马列主义读书会，团结进步人士坚持民族解放斗争。1945年12月，周建人同马叙伦、王绍鳌、许广平、林汉达等在上海发起成立中国民主促进会，当选为第一届理事会理事。1946年6月23日，上海5万群众在上海北火车站集会，欢送以马叙伦为团长的赴南京和平请愿代表团，举行声势浩大的示威游行。周建人不畏强暴，不避艰险，始终走在游行队伍的前列。1948年4月周建人加入中国共产党。1949年9月周建人以中国民主促进会代表身份参加中国人民政治协商会议第一届全体会议以及政府组织法草案整理委员会。新中国成立后，周建人曾任第一、二届全国人大常务委员会委员和第三、四、五届全国人大常委会副委员长，第二、三、四届全国政协常委和第五、六届全国政协副主席等职。周建人长期担

周建人旧居（延安中路 913 弄 38 号）

周建人景云里旧居（横浜路 35 弄 18 号）

任中国民主促进会的领导工作，1954年12月任第三届民进中央副主席，历任第四、五届民进中央副主席，1966年7月任代理主席，连任第六、七届民进中央主席，对民进的思想建设和组织建设作出了重要贡献。1984年7月29日在北京逝世，享年96岁。

周建人旧居位于虹口区横浜路35弄景云里18号。2004年1月13日公布为虹口区文物保护单位。另一处周建任旧居位于静安区延安中路913弄38号。

郭沫若像

郭沫若旧居（多伦路 201 弄 89 号，蒋慧敏摄）

郭沫若（1892—1978），原名郭开贞，号尚武、鼎堂，四川乐山人。1921年，发表第一本新诗集《女神》。1930年，撰写《中国古代社会研究》。1937年全面抗战爆发后，郭沫若担任国民政府军委会政治部第三厅厅长，期间组织了声势浩大的武汉抗战文化运动，发动歌咏、话剧、电影等各界一同宣传抗战。他也创作了大量话剧剧本，鼓舞民心士气，包括《屈原》《虎符》《棠棣之花》《南冠草》《孔雀胆》《高渐离》等六出历史悲剧作品，其中以《屈原》最受欢迎。1949年，当选为中华全国文学艺术会主席。曾任中国科学院哲学社会科学部主任、历史研究所第一所所长、中国人民保卫世界和平委员会主席、中日友好协会名誉会长、中国科学技术大学校长、中国文联主席等要职，当选中国共产党第九、十、十一届中央委员，第二、第三、第五届全国政协副主席。1978年6月12日，在北京逝世，终年86岁。著作编有《郭沫若全集》《郭沫若文集》。

郭沫若旧居位于虹口区多伦路201弄89号。2004年1月13日，公布为虹口区文物保护单位。郭沫若在上海另一处旧居，位于虹口区溧阳路1269号，独立式花园住宅。1994年2月15日公布为上海市优秀历史建筑；2003年12月16日公布为虹口区登记不可移动文物。

郭沫若旧居（溧阳路 1269 号）

茅盾像

茅盾旧居（山阴路 132 弄 6 号）

茅盾（1896—1981），原名沈德鸿，字雁冰。浙江桐乡人。1913年考入北京大学预科。1916年进上海商务印书馆编译所工作。1921年春，在上海参加中国共产党发起组，翻译马列主义著作，参加中国共产党的创建工作。1922年7月担任中共上海地方兼区执行委员会宣传委员，先后在平民女校、上海大学任教，支持学生参加爱国运动。1925年12月任第一次国共合作期间的国民党上海特别市党部宣传部部长。1927年4月，到汉口任《民国日报》主编。1928年7月为躲避南京国民政府的通缉去日本，与组织失去联系，仍积极从事革命文化活动。1930年4月到上海，与鲁迅一起参加和组织中国左翼作家联盟。1932年12月完成长篇小说《子夜》。瞿秋白称："这是中国第一部写实主义的成功的长篇小说。"1934年协助鲁迅创办《译文》，介绍国外优秀作品。1936年响应中共中央建立抗日民族统一战线的号召，发表《作家们联合起来》《向新阶段迈进》，强调作家们团结起来。1938年3月被选为中华全国文艺界抗日协会理事，主编《文艺阵地》。1939年2月到新疆学院讲学，并任新疆文化协会委员长。1940年5月由新疆到延安，曾在鲁迅艺术学院讲学。1946年12月，赴苏联访问。1947年4月返回上海。1949年赴北平参加中国政治协商会议和筹备第一次全国文代大会。中华人民共和国成立后，是历届全国人大代表，历届全国政协常委，第四、五届全国政协副主席，担任国家文化部部长、全国文联副主席、中国作家协会主席等职，主编过《人民文学》等文艺刊物。1981年3月，中共中央根据沈雁冰多次请求和一生表现，作出恢复其中国共产党党籍的决定。

茅盾旧居位于位于虹口区山阴路156弄（大陆新村）29号。该址为坐北朝南、三层楼新式里弄房，木门木窗，红色清水砖墙、红瓦屋顶，屋前有小花圃，外有黑铁皮大门，整幢建筑面积171平方米。1933年4月由鲁迅介绍，茅盾化名沈名甫住此。再次与鲁迅为邻，共同领导左翼文化运动；并肩以《申报·自由谈》为阵地，写下大量抨击时政的杂文。编辑《文学》《译文》，主持《中国新文学大系·小说一集》编纂。因地下工作规定一处不宜久住，1935年3月迁出。现为民居。2003年12月16日，公布为虹口区登记不可移动文物保护单位。

茅盾在上海另一处旧居位于虹口区山阴路132弄（大陆新村）6号。占地面积72平方米，建筑面积180平方米，砖木结构三层，坐北朝南，为新式里弄住宅。1946年5月，茅盾夫妇自重庆来沪，居住在二楼，从事进步文化活动，为报刊写杂文、文艺评论、翻译作品，为保障言论自由等发表宣言。同年12月应邀访苏，1947年4月在此写出《苏联见闻录》。2003年12月16日，茅盾旧居公布为虹口区登记不可移动文物保护单位。

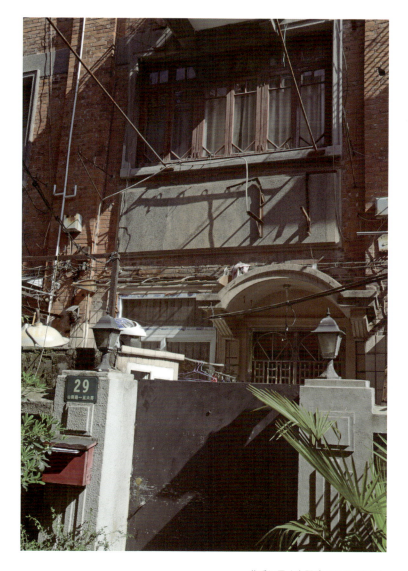

茅盾旧居（山阴路 156 弄 29 号）

叶圣陶像

叶圣陶旧居前门（横浜路35弄11号）

叶 圣陶（1894—1988），原名叶绍钧，字圣陶，江苏苏州人，著名作家、教育家、编辑家、文学出版家和社会活动家。1923年，进入商务印书馆，并主编《小说月报》等杂志，发表长篇小说《倪焕之》和大量短篇小说。作品收入《叶圣陶集》。1930年，转入开明书店。主办的《中学生》杂志，是三、四十年代最受青年学生欢迎的读物。"九一八"事变后，发起成立"文艺界反帝抗日大联盟"。抗战期间来到四川，先在中学、大学执教，后继续主持开明书店，写下不少散文小说诗词，揭露旧社会的黑暗和人民的悲惨生活，歌颂在民族解放斗争中坚强不屈的普通群众。1949年后，先后出任国家出版总署副署长、人民教育出版社社长、教育部副部长、中央文史研究馆馆长、中华人民共和国全国政协副主席、民进中央主席等。1988年2月16日在北京逝世，享年94岁。

叶圣陶旧居位于虹口区横浜路35弄（景云里）11号。2004年1月13日公布为虹口区文物保护单位。

叶圣陶旧居（横浜路 35 弄 11 号）

夏衍像

夏衍业广里旧居（唐山路685弄41号）

夏衍（1900—1995），原名沈乃熙，字端先，浙江杭州人。1915年入浙江甲种工业学校。1919年在家乡参加"五四"运动。1920年赴日本留学，开始接受马克思主义。1924年加入中国国民党，担任国民党驻日总支部常委兼组织部部长。大革命失败后，加入中国共产党，从事工人运动及翻译工作，译有高尔基的《母亲》等。1930年加入"左联"，当选为执委。1933年后，任中共上海文委成员、电影组组长，为中国进步电影的开拓者、领导者，对20世纪30年代进步文艺产生巨大影响。抗战爆发后，在上海、广州、桂林、香港主办《救亡日报》《华商报》，后辗转到重庆，在周恩来直接领导下，主持大后方的文化运动，曾任《新华日报》代总编。撰写大量杂文、政论文章，同时继续从事话剧、电影创作。新中国成立后，担任文化部副部长，主管电影及外事工作。"文革"中受到残酷迫害。1977年后，担任对外友协副会长、中国文联副主席、第五届全国政协常委等。1982年，当选为中顾委委员、中国电影家协会主席。1994年10月，国务院授予"有杰出贡献的电影艺术家"荣誉称号。

夏衍旧居位于唐山路业广里685弄41号。1929年建造，二层砖木机构，建筑面积12480平方米，127个单元住宅。租赁者多为附近工厂的工人和小商贩。1930年初，夏衍为调查工人的劳动条件和生活情况，以"在中华艺术大学任教"的身份租赁。1932年，迁至北京西路普益里弄堂房子。2004年1月13日公布为虹口区文物保护单位。夏衍在上海另一处旧居位于乌鲁木齐南路178号（徐汇区政协2号楼）。2011年11月30日公布为徐汇区文物保护单位。2014年4月4日公布为上海市文物保护单位。

夏衍旧居（乌鲁木齐南路 178 号）

钱杏邨像

钱杏邨(1900—1977)，即阿英，原名钱德富，又名钱德赋。主要笔名还有钱谦吾、张若英、阮无名、鹰隼、魏如晦等。安徽芜湖人。1926年参加中国共产党，1927年从芜湖逃亡到武汉后到上海，长期从事革命文艺活动，与蒋光慈等发起组织"太阳社"，编辑《太阳月刊》《海风周报》等。抗战期间，在上海从事救亡文艺活动，曾任《救亡日报》编委，《文献》杂志主编。1941年去苏北参加新四军革命文艺工作，并参与宣传、统战工作的领导。新中国成立后，主要担任文化部门的领导工作，同时著述，著有《中国年画发展史略》《晚清戏曲小说目》《中国连环画史话》《晚清文艺报刊述略》《小说二谈》《晚清文学丛钞》《红楼梦戏曲集》《小说三谈》《阿英文集》等。

钱杏邨旧居位于黄浦区（原卢湾区）重庆南路205弄（万宜坊）38号。2005年10月31日，公布为上海市优秀历史建筑。2006年1月9日公布为卢湾区登记不可移动文物。

钱杏邨旧居（铭牌）

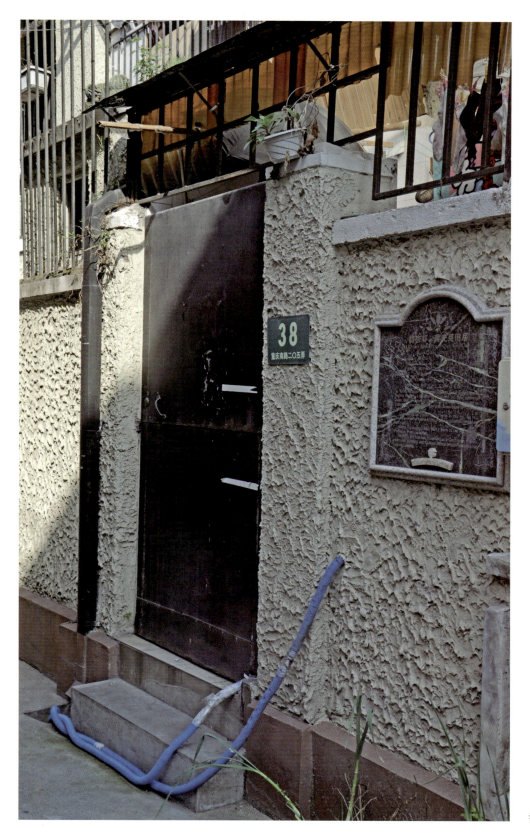

钱杏邨万宜坊旧居（重庆南路 205 弄 38 号）

冯雪峰像

冯 雪峰（1903—1976），原名福春，浙江义乌人。1921年考入浙江省立第一师范，1925年到北京大学旁听日语，1926年开始翻译文学作品及文艺理论专著。1927年加入共产党。1929年参加筹备中国左翼作家联盟，后任"左联"党团书记。1933年底到瑞金任中共中央党校副校长。1950年任上海市文联副主席。后调北京，先后任人民文学出版社社长兼总编、《文艺报》主编、中国作协副主席、党组书记。1954年因《红楼梦》研究问题和"胡风事件"受批判，1957年被划为右派，1966年又被关进牛棚。1976年患肺癌去世。1979年平反。著有《雪峰文集》《冯雪峰论文集》等。

冯雪峰旧居在虹口区拉摩斯公寓（今四川北路2097号）。建于1920年，新古典主义风格公寓。2003年12月16日公布为虹口区登记不可移动文物。2005年10月31日公布为上海市优秀历史建筑。冯雪峰另一旧居在虹口区横浜路景云里11号甲。2004年1月13日，公布为虹口区文物保护单位。

冯雪峰旧居（横浜路景云里 11 号甲）

冯雪峰拉摩斯公寓旧居（四川北路 2097 号，蒋慧敏摄）

田汉像

田汉旧居即南国艺术学院旧址（铭牌）

田汉（1898—1968），字寿昌，笔名陈瑜、绍伯、张坤等，湖南长沙人。剧作家、戏曲作家、电影编剧、小说家、词作家、诗人、文艺批评家、文艺活动家，中国现代戏三大奠基人之一。早年留学日本时自署为"中国未来的易卜生"。1934年为电影故事片《风云儿女》主题歌《义勇军进行曲》作词，聂耳作曲，即中华人民共和国国歌。1937年"七七"事变后，创作了五幕话剧《芦沟桥》，并举行劳军演出。8月赴上海，参加文化界救亡工作。上海沦陷后到长沙、武汉、重庆等地从事戏剧界抗日统一战线工作。一生创作话剧六十多部、戏曲剧本二十多部、电影剧本近二十部、歌词几十首、新旧诗词一千多首，还有翻译作品、散文、小说和文艺评论。论著编有《田汉文集》（十六卷），另有《田汉电影剧本选集》《田汉戏剧选集》《影事追怀录》等。1968年被迫害致死。1979年平反。

田汉旧居位于徐汇区永嘉路371—381号，五开间二厢房二层楼房，1929年建造。原为石库门的老式里弄房屋，现为民居。田汉创办了"南国艺术学社"，这里既当教室又作宿舍，还办了食堂。2004年12月15日徐汇区文物管理委员会举行田汉寓所挂牌仪式。2007年8月28日公布为徐汇区不可登记移动文物保护单位。2011年11月30日公布为徐汇区文物保护单位。

田汉旧居（永嘉路 371—381 号）

聂耳塑像

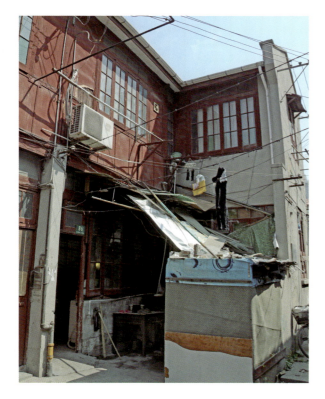
聂耳旧居（公平路185弄86号）

聂耳（1912—1935），原名守信，号子义，又作紫艺，云南玉溪人。国歌《义勇军进行曲》曲作者。毕业于云南省立第一师范。因参加革命活动被迫离滇赴沪，考入黎锦晖主办的"明月歌舞剧社"，任小提琴手。后入联华影业公司，参加左翼戏剧家联盟音乐组。1934年入百代唱片公司主持音乐部工作，建立百代国乐队。因白色恐怖决定经日本去苏联学习，1935年7月17日在日本藤泽市鹄沼海滨游泳，不幸溺水逝世。年仅23岁。聂耳一生创作了数十首革命歌曲，他的一系列作品影响中国音乐几十年。他的音乐创作具有鲜明的时代感、严肃的思想性、高昂的民族精神和卓越的艺术创造性，为中国无产阶级革命音乐的发展指出了方向，树立了中国音乐创作的榜样。代表作有《义勇军进行曲》《毕业歌》《前进歌》《大路歌》《开路先锋》《码头工人歌》《新女性》《飞花歌》《塞外村女》《铁蹄下的歌女》《告别南洋》《梅娘曲》《卖报歌》，歌剧《扬子江暴风雨》，民族器乐曲《翠湖春晓》《金蛇狂舞》等。

聂耳旧居位于虹口区公平路185弄86号，建于1930年，砖木结构二层楼房。《义勇军进行曲》的创作构思就在这里完成。现在为民居。1998年12月10日虹口区人民政府在此挂牌"聂耳创作纪念地"。2004年1月13日公布为虹口区文物保护单位。聂耳在上海的另一处旧居，位于静安区常德路633弄恒德里65号，是整个弄堂里少见的"大宅"。还有一处旧居位于徐汇区淮海中路1258号三楼，2009年11月17日公布为徐汇区文物保护单位。

聂耳恒德里旧居（常德路 633 弄 65 号）

聂耳旧居（淮海中路 1258 号三楼）

郑振铎像

郑振铎（1898—1958），笔名西谛、CT、郭源新。原籍福建长乐，生于浙江永嘉。五四运动时期，与瞿秋白等合编《新社会》旬刊，创办《人道》月刊。1920年，和茅盾等发起成立文学研究会，主编《文学旬刊》，入上海商务印书馆编译所，主编《共存社丛刊》《文学研究会丛书》。1925年，参与创办《公理日报》，支持五卅运动。1936年，与叶圣陶等发起成立中国文艺界协会。次年，参加中国文艺界救亡协会。1938年，任中华全国文艺界抗敌协会理事。上海沦陷后，留沪坚持抗日活动。与胡愈之、周建人、许广平等组织复社，出版《鲁迅全集》《西行漫记》等。抗战胜利后，在上海创办《民主》周刊、《文艺复兴》，主编《联合晚报》副刊。1949年初，离沪到北平，7月参加首届全国文代会。建国后，历任中国科学院考古研究所、文学研究所所长，文化部副部长，文物局局长，社会文化事业管理局局长，中国民间文艺研究会副主席等。1955年，被聘任为中国科学院哲学社会科学部学部委员。1958年10月18日，赴苏联访问途中飞机失事遇难。主要著作有《文学大纲》《插图本中国文学史》《中国俗文学史》《中国文学论集》《中国文学研究》《近百年古城古墓发掘史》等，译著《新月集》《飞鸟集》等，论著编有《郑振铎文集》。

郑振铎寓所位于徐汇区高邮路5弄25号，二层混合结构小洋房。郑振铎于1942—1945年居住于此。房屋保存基本完好，现为民居。2002年12月24日徐汇区文物管理委员会举行郑振铎寓所挂牌仪式。2007年8月28日公布为徐汇区不可登记移动文物。

郑振铎旧居前门（高邮路5弄25号）

郑振铎旧居（高邮路 5 弄 25 号）

陶行知塑像（陶行知纪念馆内）

陶行知旧居（余庆路146弄13号）

陶行知（1891—1946），原名知行。安徽歙县人。1914年毕业于金陵大学，推行平民教育。"五四"运动后，从事平民教育运动，创办晓庄师范。1932年起，先后创办了"山海工学团""晨更公学团""劳工幼儿团"，首创"小先生制"，成立"中国普及教育助成会"，开展"即知即传"的普及教育运动。1934年主编《生活教育》半月刊。7月，宣布由"知行"改命为"行知"。"九一八"事变后，积极从事抗日救亡运动。1936年，当选为全国各界救国联合会执行委员和常务委员。7月，与沈钧儒、邹韬奋、章乃器联合发表《团结御侮宣言》。受全国救国联合会的委托，担任国民外交使节，出访欧、美、亚、非二十八个国家和地区，出席"世界和平大会"、"世界新教育会议"第七次年会、"世界青年大会"、"世界反侵略大会"，当选为世界和平大会中国执行委员。为光大中华民族在国际舞台上的形象做出杰出贡献。1938年8月，回国途中，倡办"中华业余学校"，推动香港同胞共赴国难。1939年7月，创办育才学校，培养有特殊才能的儿童。1945年，当选为中国民主同盟中央常委兼教育委员会主任委员。1946年7月25日病逝，享年55岁。

陶行知旧居位于余庆路146弄13号（余庆新村内），建于1940年，新式里弄住房。2006年6月8日徐汇区人民政府为陶行知旧居挂牌。2007年8月28日公布为徐汇区登记不可移动文物保护单位。另外，宝山区武威东路76号建有陶行知纪念馆。

陶行知纪念馆外景（宝山区武威东路 76 号）

陶行知纪念馆内景（宝山区武威东路 76 号）

贺绿汀塑像（上海音乐学院内）

贺绿汀旧居（安福路 191 弄 15 号）

贺绿汀（1903—1999），名楷，号抱真，湖南省邵东县人，中国作曲家、音乐理论家、音乐教育家。1923年进长沙（新闻）岳云艺术专修学校，攻读绘画与音乐，两年后留校任音乐教员。1931年考入上海国立音乐专科学校，三年后在俄国作曲家齐尔品举办的"征求中国风味钢琴曲"比赛中，以《牧童短笛》和《摇篮曲》获一等奖和名誉二等奖。1934年进入电影界，先后为电影《船家女》《都市风光》《十字街头》《马路天使》和话剧《复活》《武则天》等二十多部影剧配乐，创作了《摇船歌》《背纤歌》《春天里》《怨别离》等脍炙人口的歌曲。抗日战争爆发后，他参加上海文艺界抗日救亡演剧队，奔赴武汉、郑州、西安等。在山西临汾，他在煤油灯下创作了不朽的抗日战歌《游击队歌》，传遍大江南北、长城内外的抗日战场，成为鼓舞抗日军民奋勇杀敌的进军曲。1938年6月后先后到武汉、重庆，任职中央广播电台音乐组，同时任育才学校音乐教师。创作了《全面抗战》《保家乡》《中华儿女》《胜利进行曲》《还我河山》等充满战斗热情的歌曲，鼓舞全国人民的抗日斗志。1941年皖南事变后，离开重庆，辗转抵达华中新四军军部，为新四军将士写歌教唱。1949年加入中国共产党。曾任上海音乐学院院长，全国文联第四届副主席，中国音乐家协会第二、三届副主席，第五、第六届全国政协常委。主要音乐作品有《天涯歌女》《四季歌》《游击队之歌》等，著有《贺绿汀音乐论文选集》《我对戏曲音乐改革的意见》《论音乐的创作》《民族音乐问题》等。为中国音乐事业的建设作出了不可磨灭的贡献。1999年4月27日在上海逝世。

贺绿汀旧居位于徐汇区安福路191弄15号，新式石库门里弄住宅，原名美华里，建于1932年。20世纪30年代，贺绿汀和妻子姜瑞芝在此居住。现为民居。2009年11月24日公布为徐汇区登记不可移动文物。

2003年9月19日，位于上海音乐学院内的贺绿汀音乐厅建成开放。贺绿汀音乐厅建筑面积4324平方米，其中剧场面积537平方米，层高14米，古典欧式风格，高大敞亮、美轮美奂。音乐厅辅助用房一楼为该厅化妆室、指挥休息室等，二楼为交响乐排练室，三楼为民乐排练室。贺绿汀音乐厅以智能化、现代化的剧场功能，凭借上海音乐学院深厚的音乐资源，为创立中国化"金色大厅"，为中国民族音乐文化事业作贡献。

贺绿汀音乐厅（汾阳路 20 号上海音乐学院内）

柯灵像

柯灵旧居全景（复兴西路 147 号）

柯灵（1909-2000），原名高季琳，笔名朱梵、宋约。原籍浙江绍兴，生于广州。中国电影理论家、剧作家、评论家。幼时因家境贫寒，小学毕业后即辍学。1924年他到小学当老师，1928年在浔阳当小学校长。曾在《越铎日报》发表散文，后向上海《儿童世界》等杂志投稿，被誉为少年才子。1931年来到上海。先后在明星、联华、金星、文化影片公司任职，主编《明星半月刊》，发表大量反映社会现实的杂文。抗战爆发后，任《救亡日报》编委，主编《文汇报》副刊《世纪风》《民族呼声》等刊物，刊载了史沫特莱的长篇报告文学《中国红军在前进》，杂文《暴力的背后》，宣传抗战，《世纪风》鲜明的政治立场，使之成为孤岛上海一座文学堡垒，团结了进步作家，受到日伪的胁迫，因此于1939年5月被迫停刊。上海沦陷期间，柯灵编辑了《万象》杂志，刊物具有很浓的文学色彩。1949年4月到北平参加第一次全国文代会。回到上海后曾任《文汇报》副社长兼副总编、上海电影剧本创作所所长、上海电影艺术研究所所长、《大众电影》主编、上海作协书记处书记、上海影协常务副主席等职，1950年加入中国共产党，从1954年起，历任全国政协第二、三、四、五届委员，第六、七届常务委员。晚年柯灵继续从事政协工作之外，还改编或创作电影文学剧本《腐蚀》《不夜城》《秋瑾传》等，编辑出版《柯灵散文选》《柯灵六十年文选》《长相思》《香雪海》等，90年代他开始收集资料执笔撰他最后一部小说《上海百年》，惜未完成。2000年6月19日，柯灵病逝于上海。

柯灵旧居位于徐汇区复兴西路147号。该建筑建于1933年，西班牙式建筑风格，占地面积1260平方米。建筑为长方形平面略有凹凸，有室外楼梯到达二层。红瓦多坡顶，烟囱突出于屋面，檐下有白色半圆形装饰带。门和窗户的形式多样，窗间有绞绳纹柱，黄色水泥拉毛外墙。柯灵自1959年迁入此楼203室居住至2000年逝世，共居住40余年。2010年11月24日，柯灵旧居被徐汇区文化局公布为区登记不可移动文物。2016年2月6日，柯灵故居经过修缮整理并对外开放。故居一楼辟为柯灵生平展，展出柯灵各个时期照片、手稿、著作初版和发表作品的海内外报刊杂志。此外，还展出现当代名家写给柯灵的信和送给柯灵的书，其中有巴金、冰心、沈从文、李健吾、钱钟书、杨绛、丁玲、夏衍、阳翰笙、陈白尘、黄佐临、楼适夷、周而复等等。

柯灵旧居正门（复兴西路 147 号）

柯灵旧居内景（复兴西路 147 号）

张乐平塑像（张乐平故居内）

张乐平旧居（五原路 288 弄 3 号）

张 乐平（1910—1992），原名张升。浙江海盐人。父亲张舟若是一位小学教师，母亲擅长刺绣、剪纸，是张乐平最早的美术启蒙者。张乐平从小就酷爱画画，1923年在小学老师的指导下，少年张乐平创作了平生第一张讽刺军阀曹锟贿选漫画，在当地名噪一时。1925年张乐平小学毕业之后在木行去当学徒，后来进过私立美术学校，在印刷厂当过练习生，后来又进了三友实业社当绘图员……张乐平还画过一些时装设计画。1929年，开始向上海各报纸投稿，经常在《时代漫画》等刊物上发表漫画作品，逐渐成为上海漫画界较有影响的一员，上海的报章杂志上都刊登有张乐平的漫画作品。1935年，春夏之交张乐平笔下的三毛漫画形象在上海诞生，其奇特的造型立即引起广大读者的注意。1937年七七卢沟桥事变，抗日战争全面爆发，青年张乐平与上海一些漫画同仁迅速成立救亡漫画宣传队，由叶浅予为领队，张乐平为副领队，率队离沪宣传抗日。1938年，叶浅予因公赴香港，由张乐平主持漫画宣传队队务。1939年，漫画队在桂林兵分两路，张乐平担任其中奔赴前线的队长，坚持战斗至抗战胜利。1945年，张乐平从广东重返上海，开始新的漫画创作生涯。1946年，在上海参与发起上海美术作家协会和上海漫画家协会。同年，《三毛从军记》在上海《申报》发表，引起轰动。第二年，另一部传世之作《三毛流浪记》在《大公报》连载，激起社会强烈反响。

张乐平旧居内景（五原路 288 弄 3 号）

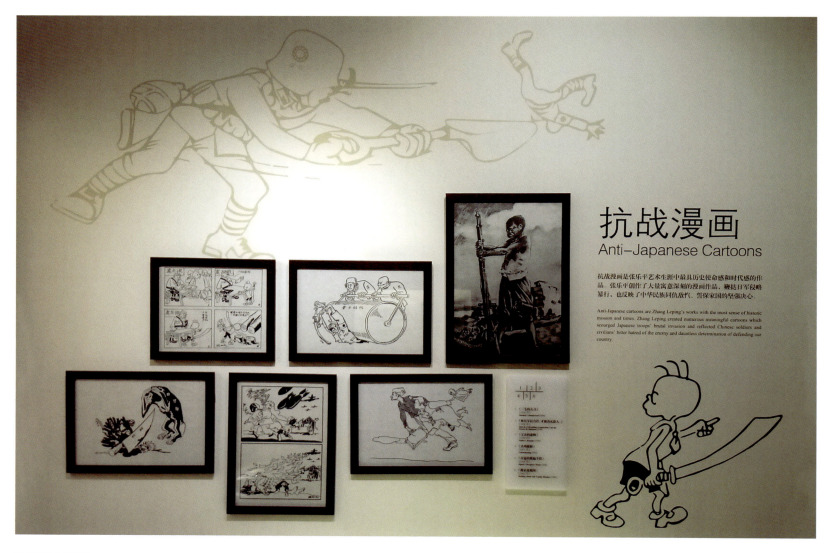

张乐平的抗战漫画

1949年后，张乐平在中国美术家协会上海分会、解放日报社、上海少年儿童出版社任专业画家。20世纪80年代后任中国美术家协会顾问、《漫画世界》主编。其漫画以政治讽刺见长。1949年后还画了三毛在新时代的经历系列画集，共出版十多部三毛形象的漫画集。创作的三毛形象，妇孺皆知，名播海外，被誉为"三毛之父"。中国当代最杰出的漫画家之一。

张乐平故居位于徐汇区五原路288弄3号，双层老洋房。1950年6月至1992年9月张乐平在此居住，旧居二楼仍保持他生前工作室原貌。2008年12月8日公布为徐汇区文物保护单位。

肆

国际友人在上海的纪念地

陈纳德像

陈纳德（1893—1958），美国陆军航空队中将。1936年1月，中国空军邀请他到中央航空学校担任飞行教官，同年6月宋美龄任命他为中国空军顾问，帮助建立中国空军。1941年8月中国空军美国航空志愿队成立，担任上校队长，1942年7月美国航空志愿队转变为美国驻华空军特遣队，担任准将司令。1943年3月美国驻华空军特遣队转变为美国陆军第十四航空队，担任少将司令。1943年10月中美空军混合联队组成并投入战斗，陈纳德任指挥。陈纳德在中国生活了8年多，与八年抗战结下不解之缘。

陈纳德旧居位于长宁区虹桥路1440号的美华新村（原中山西路1350号）。英国都铎式别墅。1947年12月21日，陈纳德和陈香梅在上海举行婚礼，这座别墅是他送给妻子的圣诞礼物。解放后，成了肺科医院的办公楼。2001年被房地产商买下开发公寓。2005年10月31日公布为上海市优秀历史建筑。

陈纳德旧居前门（虹桥路 1440 号美华新村）

陈纳德旧居（虹桥路 1440 号美华新村）

路易·艾黎像

路易·艾黎旧居（铭牌）

路易·艾黎（1897—1987），新西兰作家、共产党员，曾获惠灵顿维多利亚大学名誉文学博士学位。1927年4月21日到上海，参加国际性马列主义学习小组。1933年结识宋庆龄，按她的嘱托，把一批批枪支弹药送到红军手中。抗日战争时期，参加并发起组织了工业合作社运动。他在愚园路的寓所成为上海地下工作者的一个隐蔽所和准备运往根据地的物资存放处，上海地下党组织还曾借用三楼设置秘密电台。20世纪40年代，在甘肃省山丹县创办培黎工艺学校，吸收劳动人民子弟，为我国石油工业战线培养技术骨干。三次赴延安，受到毛泽东的接见。新中国成立后，致力于维护世界和平与各国人民友好事业。1977年，邓小平出席艾黎八十寿辰的庆祝会，称他是中国人民的一位"老战士、老同志、老朋友"；1982年85岁寿辰时，被北京市政府授予"荣誉市民"称号。1987年12月，因患脑血栓并发心功能衰竭逝世。

路易·艾黎旧居位于长宁区愚园路1315弄4号。半独立式双宅毗连的三层建筑，建于1920年。1989年，上海市政府为路易·艾黎在沪寓所举行勒石纪念仪式。1992年6月1日公布为上海市纪念地。2014年4月4日调整为上海市文物保护单位。

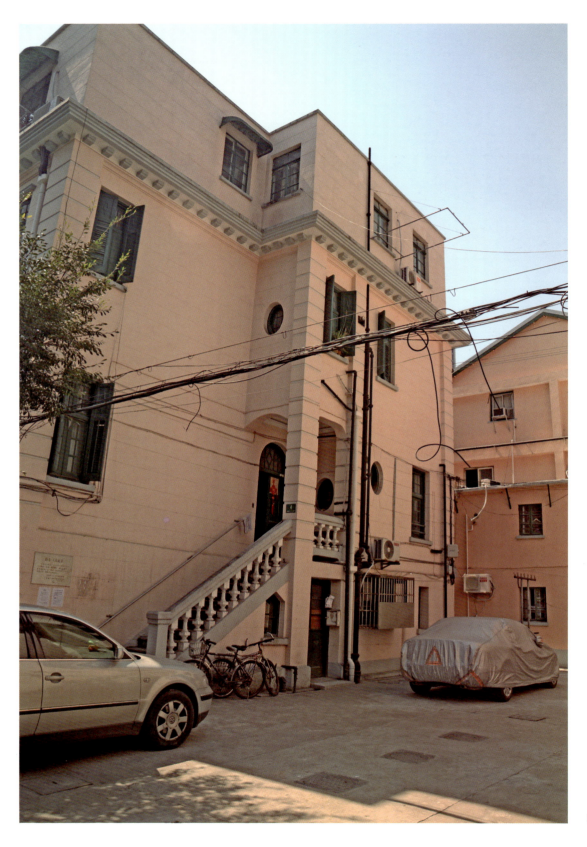

路易艾黎旧居（愚园路 1315 弄 4 号）

鲁迅与内山完造塑像

内 山完造（1885—1959），日本冈山人，内山书店老板。1913年，作为大阪大学眼药总店推销员到中国，在上海、武汉、长沙等地推销眼药。1916年回国成亲，次年携妻重返上海，住吴淞路义丰里（今322弄）164号。次年，在北四川路（今四川北路）魏盛里开设内山书店、出售文学作品和理论著作。1927年10月，开始与鲁迅结识，成为挚友。1929年，内山书店迁至施高塔路11号（今四川北路2048号）。书店成为左翼作家活动的重要场所。1930年8月，参加文艺漫谈会。鲁迅、郁达夫、欧阳予倩均为会员。1931年

1月，左翼作家柔石等被捕后，掩护鲁迅一家避居日本人开设的花园庄饭店。8月，支持鲁迅举办暑期木刻讲习班。1933年3-5月，掩护瞿秋白夫妇避居施高塔路（今山阴路）东照里12号2楼自己租赁的寓所。1935年11月，内山第一本随笔集《活生生的中国》（又译为《活中国的姿态》）出版，鲁迅为其作序，内山称之为"天下最好的馈赠"。1936年10月鲁迅逝世，内山发起募集"鲁迅文学奖"，并被聘为《大鲁迅全集》编辑顾问。1937年八一三事变后，离沪回国。1941年重返上海，书店扩展为图书公司。1947年12月被国民政府强

迫遣返回国。1950年参与发起组织日中友好协会，为首任理事长，并任日中贸易促进会常任理事。此后多次访问中国。1959年9月20日访华期间，病逝于北京，与前妻内山美喜合葬于上海万国公墓。著有《中国的生动形象》《上海漫语》《花甲录》等。

内山完造旧居位于虹口区山阴路2弄（千爱里）3号，1928年建造，占地面积115平方米，建筑面积198平方米。砖木结构假三层，坐北朝南，为带日本洋风时期特征的联列式仿欧式小洋房。1931年内山夫妇迁入山阴路2弄3号。鲁迅常来这里与内山交谈、会客。1934年8月23日至9月18日，鲁迅因两名内山书店的中国职员被捕，曾避居于此。在避居期间，鲁迅会见日本友人尾崎秀实、井上芳郎等。1942年迁居东横浜路122弄（松桐里）9号，受命接收中美图书公司，将其改名内山书店南京路分店。1945年10月内山书店被国民党接收。1999年9月23日公布为上海市优秀历史建筑。2003年12月16日，公布为虹口区登记不可移动文物保护单位。

内山书店旧址位于虹口区四川北路2050号。1980年8月26日公布为上海市纪念地点。2014年4月4日调整为上海市文物保护单位。

内山完造旧居（山阴路2弄3号）

内山书店旧址（四川北路2050号）

尾崎秀实像

尾崎秀实（1901—1944），日本东京都人，生于中国台湾。1925年东京帝国大学法学部毕业，进入东京《朝日新闻》社，1928年至1932年任该报驻上海特派员，结识鲁迅、史沫特莱、佐尔格等，赞助反战运动。1937年回国任《朝日新闻》社东亚问题调查会会员，主编《亚洲问题讲座》。因精通中国问题，为近卫文麿所器重。1938年被聘为近卫第一届内阁嘱托，后成为近卫首相智囊团"朝饭会"核心人物。1939年再度来中国，任满铁调查部嘱托，主宰"中国研究室"，为昭和研究会主要成员。1941年因"佐尔格事件"被捕。1944年被日本政府以"红色间谍"罪处以死刑。著有《现代中国论》《中国社会经济论》《暴风雨中的中国》等。狱中书简集《流星般的爱情》为战后畅销书之一。

尾崎秀实旧居位于虹口区山阴路145弄2号，砖木结构三层楼洋房，建于1927年。红色清水砖墙、红瓦，木窗木门建筑面积120平方米。现为民居。2003年12月16日公布为虹口区登记不可移动文物保护单位。2005年10月31日公布为上海市优秀历史建筑。

尾崎秀实旧居（山阴路 145 弄 2 号）

鹿地亘（1903—1982），本名濑口贡，日本小说家，东京帝国大学毕业。学生时代就参加无产阶级文学运动，后成为日本无产阶级作家联盟负责人之一。1941年后，鹿地亘组织"鹿地亘研究室"，系统研究日本军事、政治、经济各方面情况，为中国所用。"九一八"事变后，发表了许多反战言论，受到日本军国主义的迫害，1935年流亡到中国上海，从事反对日本侵华的活动，与宋庆龄、鲁迅等都有往来。1938年10月，到湖南常德市盐关"军政部第二俘虏收容所"，参与对日本俘虏的教育改造工作，把一批满脑子忠于天皇的狂热军国主义者教育成反法西斯战士。1939年12月25日，鹿在桂林郊外南岗庙发起成立"在华日本人反战同盟"西南支部，随后奔赴昆仑关，冒着枪林弹雨，用扩音器向日军喊话，散发日文传单，瓦解敌人军心。1940年7月20日，"在华日本人反战同盟"（日人自称"日本平和同盟"）总部在重庆成立，鹿地亘任会长领导盟员开展反战工作。1941年"皖南事变"后，鹿地亘组织"鹿地亘研究室"，系统研究日本军事、政治、经济各方面，为中国所用。1945年，毛泽东赴重庆与蒋介石谈判期间，由周恩来陪同，在桂园单独接见鹿地亘夫妇，作长时间交谈。1946年6月，鹿地亘回到日本致力于日中友好活动，直至1982年去世。

鹿地亘旧居位于虹口区多伦路257弄34号，建于1927年，连接式二层楼洋房，建筑面积120平方米。现为民居。2003年12月16日公布为虹口区登记不可移动文物保护单位。

鹿地亘像

鹿地亘旧居（多伦路 257 弄 34 号）

尹奉吉塑像（鲁迅公园梅园内）

尹奉吉义举现场（虹口区东江湾路444号鲁迅公园内）

尹奉吉（1908—1932），号梅轩，朝鲜独立运动家，抗日英雄。1908年6月21日出生于朝鲜忠清南道的礼山。尹奉吉3岁时，朝鲜被日本吞并，沦为其殖民地。1919年11岁的尹奉吉亲身经历朝鲜人民争取民族独立的"三一独立运动"及其之后的血腥镇压，对在日本帝国主义殖民统治下韩民族的现实状况有所觉悟。1925年，尹奉吉在家乡办学，进行农民教育及启蒙运动；与此同时，他还通过月进会和夜校开展扫盲、复兴农村经济、争取平等自由等活动，宣传自由精神。但是，尹奉吉切实感受到在日本帝国主义的殖民统治下农村复兴运动受到极大的局限。1930年光州学生运动向全国扩展，尹奉吉受此影响，为民族独立而选择了革命道路。

1930年23岁的尹奉吉，告别父母和妻子及长子，离开家乡为祖国独立踏上到中国流亡之路。历经艰辛，终于度过鸭绿江到达中国东北、青岛，1931年到达大韩民国临时政府的所在地上海，认识当时在上海组成大韩民国临时政府的金九。尹奉吉白天在工厂工作，晚上学习英文，有时还在菜市场搜集情报，等待义举机会的到来。

1932年1月，尹奉吉听到李昌奉义士在东京的义举消息后，便去大韩民国临时政府找金九，表示要亲自参加举事。韩人爱国团得知1932年4月29日，日本侵略军在虹口公园举行"一·二八"淞沪战役取得"军事胜利"的祝捷阅兵大会，并举行日本天皇寿辰的"天长节"庆典活动。4月26日，尹奉吉加入"韩人爱国团"，当日写下"为恢复

报道尹奉吉义举的《东亚日报》号外

尹奉吉义士生平事迹陈列室（梅轩，鲁迅公园梅园内）

祖国的独立与自由。屠戮敌人的将校"的入团宣誓。在王亚樵的策划下，接受金九的委派，进行刺杀日人的任务。

4月29日，尹奉吉与金九在金海山的家里用了最后一顿早餐，从金九手里接过饭盒和水壶形的炸弹，坐出租车驶向举事地点虹口公园。尹奉吉以日本人装扮进入会场，身上带着制作成水壶形的炸弹。是日上午9:30，纪念活动第一部日本侵略军阅兵仪式开始；接着11:30，纪念活动第二部祝贺仪式开始，日本军政界7名要人站在主席台上，当演奏到日本国歌时，尹奉吉将水壶形炸弹掷向主席台。结果在主席台上的日本驻上海拘留民团团长河端贞次当场被炸死，上海派遣军司令官白川义则中将被炸的血肉模糊送医院后死亡，日本驻中国公使重光葵被炸断一腿，第九军师团长植田谦吉中将被炸断一腿，海军司令官野村吉三郎中将被炸瞎一眼。尹奉吉在虹口公园举事地现场被捕，并在上海日本军法会被判死刑。同年12月押送日本，12月19日在日本石川县金泽陆军基地慷慨就义。

抗战胜利后尹奉吉的遗体被运往韩国安葬。为纪念朝鲜独立运动家、抗日英雄尹奉吉的义举。上海在虹口区东江湾路444号虹口公园（现为鲁迅公园）内的尹奉吉当年义举地建有尹奉吉义举纪念碑，并建设梅园，在梅园的梅轩设立尹奉吉义士生平事迹陈列室等。

后 记

　　2015年是中国人民抗日战争暨世界反法西斯战争胜利七十周年，上海市文史资料研究会执行会长朱敏彦应聘为中共上海市委讲师团"中国人民抗日战争暨世界反法西斯战争胜利七十周年"的特聘讲师，向本市二十多个区县街道和部委办局作"抗战名人在上海的纪念地"等专题报告；与此同时，朱敏彦花费了半年多时间就此专题调研，拍摄了这些抗战名人在上海的纪念地主要是故旧居的照片，成为《抗战名人在上海的纪念地》画册的史料和图片基础。

　　2017年是中国人民抗日战争全面爆发八十周年，朱敏彦在上海市文史资料研究会副会长兼秘书长陈汝南的配合和帮助下，对《抗战名人在上海的纪念地》史料和图片进行核查，又花费了近半年时间就此专题深入调研。本书选用的有代表性的抗战名人在上海的纪念地旧址图片除署名外均由朱敏彦拍摄；李洪珍、吕志伟、刘效红为本书提供部分文字稿；孙宝琴为编辑本书做了一些辅助工作；上海书店出版社编辑完颜绍元、沈佳茹等为本书出版给予大力支持和帮助，在此一并表示衷心的感谢！

　　由于首次试用图文并茂的形式反映抗战名人在上海的纪念地，经验欠缺，疏漏和不足在所难免，敬请广大民众和读者批评指正。

编　者

2017年9月3日